성경 이야기 상담
실습 가이드

KB221095

성경 이야기 상담
실습 가이드

오우성, 박민수 지음

Σ 시그마프레스

성경 이야기 상담 실습 가이드

발행일 2015년 3월 2일 1쇄 발행

지은이 오우성, 박민수
발행인 강학경
발행처 ㈜시그마프레스
디자인 이상화
편집 김성남

등록번호 제10-2642호
주소 서울특별시 영등포구 양평로 22길 21 선유도코오롱디지털타워 A401~403호
전자우편 sigma@spress.co.kr
홈페이지 http://www.sigmapress.co.kr
전화 (02)323-4845, (02)2062-5184~8
팩스 (02)323-4197

ISBN 978-89-6866-233-1

＊ 책값은 책 뒤표지에 있습니다.

이 도서의 국립중앙도서관 출판시도서목록(CIP)은 서지정보유통지원시스템 홈페이지
(http://seoji.nl.go.kr)와 국가자료공동목록시스템(http://www.nl.go.kr/kolisnet)에서 이용
하실 수 있습니다.(CIP제어번호 : CIP2015005049)

차례

저자의 글

성경 이야기 상담이 개발되어 출판된 지도 벌써 4년이 흘렀습니다. 그
동안 성경 이야기 상담은 꾸준히 대학과 교회에서 교육되고 보급
되어왔습니다. 그동안 여러분들이 이 상담을 현장에서 실습해본 후 주신 피
드백을 종합해보면 성경 이야기 상담을 보다 쉽게 할 수 있는 실습가이드가
필요하다는 것입니다. 그래서 우리는 독자들의 필요에 응해서 이 책을 출판
하게 되었습니다.

대부분의 상담은 도제 형식, 즉 스승과 제자의 관계에서 수련되기 때문
에 일정한 틀을 가진 매뉴얼이 거의 없습니다. 이런 형식은 상담자의 개인
적인 성장뿐만 아니라 관찰자의 경험을 중요하게 생각합니다. 특히 상담의
일반적인 기법보다는 상담자의 성품과 태도를 중요시합니다. 이러한 형식
은 상담자가 기법에 매이지 않고 사람에게 초점을 맞출 수 있는 장점이 있
습니다. 그러나 이 방법의 제일 어려운 점은 무엇을 어떻게 하여야 하는지
를 알 수 없다는 것입니다. 이 도제형식은 책을 통해서 상담 기법을 스스로
훈련할 수 없다는 단점이 있습니다. 이번에 출간하는 이 책은 이런 단점을
극복하고자 하는 시도에서 만들어졌습니다.

성경 이야기 상담의 개발은 학문적으로나 목회적으로 기여하는 바 있다
하겠습니다.

첫째, 21세기는 사회의 제 분야가 다변화하고 있습니다. 이런 추세에 맞

추어 학문분야에서도 전공의 높은 벽을 허물고 학문 간의 대화와 융합이 요구되고 있습니다. 이런 때에, 성서학과 상담학의 융합으로 개발된 것이 성경 이야기 상담입니다. 성경 이야기 상담은 성서학 분야와 상담학 분야의 대화의 산물이자 상호협력의 결실이기도 합니다. 앞으로 양 학문분야에서 이런 시도가 계속 이루어짐으로 성서학과 상담학이 발전할 수 있을 것입니다.

둘째, 포스트모던시대를 맞아 일반 상담과 기독교 상담에서 초월적 세계와 영성에 관한 관심이 높아지고 있습니다. 우리는 신체적ㆍ정신적 욕구뿐 아니라 영적 욕구를 충족시키고 싶어 합니다. 성경 이야기 상담은 성령의 인도하심으로 성경 이야기를 통해서 영적 세계에 대한 갈급함을 해소시키는 상담입니다. 그래서 이 상담은 학문적 논란이 되고 있는 기독교 상담의 정체성을 확립하는 데 도움을 줍니다.

셋째, 성경 이야기 상담은 성경 이야기를 본문으로 하고 성령의 인도하심을 강조하기 때문에 이야기 설교와 상담 설교 분야에서 요긴하게 사용할 수 있습니다. 기독교 교육에서도 성경 이야기에 대한 서사적 읽기를 통해서 성경 본문을 효과적으로 교육할 수 있습니다.

넷째, 성경 이야기 상담은 성령의 본성과 사역에 대한 성경의 진리에 기초하고 있습니다. 이 상담은 성령께서 상담의 전 과정을 인도하신다는 전제를 가지고 있습니다. 이 전제는 교인들로 하여금 다소 추상적이거나 위험한 발상이 아닌가 하는 의구심을 가지게 할 수도 있습니다. 왜냐하면 이 시대 우리 교회는 성령의 본성과 사역에 대한 오해와 편견이 많기 때문입니다. 그래서 이 상담에서는 그동안 다소 소홀하게 다루어졌던 바울과 요한의 성령을 깊이 다룸으로써 성령님에 대한 바른 지식을 가지게 합니다. 요한복음에서는 성령님을 보혜사라고 부르는데 보혜사는 위로자, 상담자, 대언자 등의 의미를 가집니다. 그래서 위로하고, 상담하고, 대언하는 사역은 성령님의 고유한 사역입니다.

많은 그리스도인들은 성경의 다양한 이야기를 읽고 삶의 의미와 기쁨을 느낍니다. 그리고 삶의 고통스러운 순간에 성경에 나오는 이야기를 오래도록 기억하면서 위로와 치유의 경험을 하고 있습니다. 이런 의미에서 성경 이야기는 많은 사람들에게 오랫동안 상담자의 역할을 해오고 있었습니다.

성경 이야기가 이러한 상담과 치유기능을 가지는 것은 영감으로 기록된 성경으로서의 측면과 이야기가 가지는 문학적인 측면이 있기 때문입니다. 성령께서는 성경의 저자들을 감동시키셔서 어떤 메시지나 교훈을 전할 뿐 아니라 그보다도 더 넓고 큰 새로운 삶을 경험하도록 초청하십니다. 이러한 삶은 교리나 신학 또는 메시지나 교훈을 포함하되 무엇보다도 하나님의 임재를 체험하는 삶입니다. 이 삶은 성령께서 인도하시는 삶인데 성경 속의 이야기를 통해서 사람들은 이 삶을 체험할 수 있습니다. 성경 이야기 상담은 결국 성령께서 성경 이야기를 수단으로 해서 사람들을 회복시키는 상담입니다. 이 상담은 그동안 이러한 경험이 없는 사람들이 성경 이야기를 통해서 성령님의 도움을 받아 문제를 해결할 수 있도록 고안된 상담입니다.

이 책은 크게 두 가지 관점에 역점을 두고 집필하였습니다. 첫째는 상담자가 독학으로 성경 이야기 상담 기술을 익히는 것입니다. 둘째는 자가 상담용으로 내담자 스스로 자신의 문제를 해결하는 것입니다. 그래서 이 책에서는 성경 이야기 상담의 이론적 배경을 가급적 간략하게 소개하고 상담자가 실제적으로 성경 이야기 상담을 할 수 있도록 구체적인 과정을 보다 상세하게 기술하였습니다.

이 상담이 2010년에 개발된 이후 연구소, 대학 그리고 대학원에서 가르쳐져 왔고, 이론적인 면에서나 실제적인 면에서 꾸준히 보완되어왔습니다. 이 책에서는 성경 이야기 상담의 여러 사례 중 상담 효과가 있었던 몇 개의 사례를 간략하게 실었습니다. 이 사례들을 근거로 해볼 때, 상담자의 마음 기술에서 보듯이 성령님이 이 상담을 통하여 역사하심을 알 수 있습니다.

이 책이 성경 이야기에 근거한 상담을 통해 교회를 세워나가는 데 쓰임 받을 수 있을 것입니다.

이 책은 상담자 자신이 혼자 사용하여 자가 상담을 할 수도 있고, 내담자를 대상으로 상담할 수도 있고, 소그룹 형식으로 상담할 수도 있도록 만들어졌습니다. 이 책의 뒷부분에는 개개인이 글쓰기 형식을 통하여 자가 상담할 수 있는 예를 실었습니다.

저자 일동

몇 년 전에 성경 이야기 상담 책이 처음 출판되어 추천서를 썼을 때의 기쁨이 아직도 기억에 생생하게 남아 있습니다. 성경 이야기 상담이 개발된 이후 대학과 교회에서 이 상담이론과 기법이 계속해서 사용되고 가르쳐지고 있음은 심히 고무적인 사실입니다.

처음 추천서를 썼을 때 본인이 예측한 대로, 성경 이야기 상담은 기독교 상담의 정체성을 확고히 하고 교회와 상담현장에서 많은 사람들의 문제를 주님 안에서 해결해왔습니다. 이번에 출판된 이 책은 많은 상담자들이 상담 현장에서 이 상담을 보다 쉽게 적용할 수 있도록 고안되어 있습니다.

두 분의 저자들은 이 상담을 국내외에서 처음으로 공동 개발한 후 꾸준하고 성실하게 이 상담이론과 기법을 보급해온 사실에 감사를 느낍니다. 많은 상담 사례들을 읽어보면, 두 저자분들이 주장하듯이, 성령께서 이 상담을 주관하신다는 사실을 강하게 느낄 수 있습니다. 특히 12년 동안 알코올 중독의 사슬에 매여 있던 내담자가 치유되어 신앙생활을 성실하게 하고 있는 사례를 읽어보니 가슴이 뜨거워집니다.

성경 이야기 상담은 국내외에서 처음 개발되었기 때문에 두 저자분들이 책임 있게 계속 연구하고 보완할 것을 기대합니다. 이번에 출판된 이 책은 먼저 출판된 성경 이야기 상담과 같이 기독교 상담뿐만 아니라 새로운 성경 공부와 설교 분야에도 큰 도움을 줄 것입니다.

(주)시그마프레스에서 성경 이야기 상담에 이어 또 이 책을 출판해주신 것을 감사드리며 꾸준하게 연구하며 집필하신 두 저자분들게 격려와 위로의 말씀을 드립니다.

박순오 목사
나눔과 기쁨 상임대표
새로운 한국을 위한 국민운동 공동대표
기독영성상담연구소 이사장

성경 이야기 상담의
과정과 단계

성경 이야기 상담의 원리

성경에는 다양한 이야기들이 있습니다. 성경 이야기는 이야기로서의 속성과 성경 본문으로서의 권위를 가지고 있습니다. 성경 이야기는 이야기이지만 단지 이야기로서 끝나는 것이 아닙니다. 성경 이야기도 성경 속에 내포되어 있는 본문이기 때문에 성경 말씀으로서 권위를 가지게 됩니다. 성경 이야기는 단순히 선한 이야기로 감동을 주는 것을 넘어서서 하나님과의 긴

성경 이야기 상담의 중심, 성경

3

밀한 관계를 맺을 수 있도록 도움을 줍니다.

우리가 하나님과 관계를 가져서 구원을 받고 그 구원을 유지하는 것은 일반 이야기로는 할 수 없습니다. 이것은 오직 성경 이야기로만 가능한 것입니다. 그래서 성경 이야기는 단순히 윤리적, 도덕적 차원에 머물러 있는 것이 아니라 영적 차원을 여는 것입니다. 이것은 성령께서 성경 이야기를 수단으로 사역하신 결과라고 생각됩니다. 특별히 성경에 있는 이야기들은 경험한 자만이 알 수 있는 구원의 의미와 기쁨 그리고 영생의 소망을 다루고 있습니다. 이 차원은 성령의 도움 없이는 정확하게 이해될 수 없습니다.

요한복음 4장에 나오는 사마리아 여인은 비록 그 배경이 천했고 보잘것없었지만, 그녀는 예수님을 믿는 그녀의 믿음으로 인해 많은 사람들을 주님께로 인도하고 주님을 증거하는 아름다운 이야기의 주인공이 되었습니다. 사마리아 여인의 이야기는 수많은 사람들이 듣고 감동을 받은 이야기로 바뀌었습니다. 그녀가 체험한 것은 영적 체험 혹은 통찰이라 볼 수 있는데, 체험 그 자체는 주관성이 강하며 신비적이라 객관적인 연구의 대상이 되기 어렵습니다.

그러나 이러한 체험이나 통찰의 객관적 증거로서 연구 대상이 되는 것은 체험 후 삶의 변화입니다. 이것이 많은 관심을 끄는 이유는 그 체험이 가지고 있는 강렬한 변화의 힘 때문입니다. 이러한 체험들은 신학, 종교학, 인류학, 심리학, 철학 등의 분야에서 연구되어왔습니다.

김성민에 의하면 이러한 영적 체험이나 통찰은 "실존적 위기에 봉착해 있는 한 개인이 그가 생각하고 있는 절대적인 순간에 직면하여 하나의 의미를 체험하여 변형(transformation)을 일으키게 되는 체험"이 됩니다.[1] 이것은

---

1 J. E. Loder, 김성민 역, 종교체험과 삶의 변환(서울 : 한국신학연구소, 2001), 355. 역자 후기에서.

말로 표현할 수 없는, 두려운, 낯선 성질의 체험이며 하나님의 특성이 체험되는 시간이며 그 체험의 결과로, 현실 상황이든 정신문제이든 분열된 것이 통합됩니다.

내담자가 자신의 삶에서 위기를 만나게 되면 자신의 능력과 경험으로 그것을 극복하고자 합니다. 그런데 이 실존적 위기가 자신의 능력이나 경험으로 해결하기 어렵다는 것을 깨닫게 되면 자기를 포기하고픈 충동을 느끼게 되는데 이것은 이 세상의 경험과 지식으로 구축된 자기 세계에 회의를 느끼고 그것에서 벗어나고 싶어지는 것입니다. 그런데 이 자기포기만으로는 문제를 해결할 수 없기에 다른 방법이나 세계를 추구하게 되는데 이 새로운 세계가 성경을 통해 열릴 수 있게 됩니다. 이 성경의 세계에서 내담자가 영적 체험을 하게 되고, 새로운 삶을 살 수 있는 능력을 얻게 되고, 이 새로운 삶은 새로운 공동체의 지지를 통해서 유지되고 성숙하게 됩니다. 이러한 체험은 일정한 도식을 가지고 설명될 수 있습니다.

성경 이야기 상담의 원리

이 도식에 따라 성경 세계를 추구하는 것은 이 세상에서의 도피가 아닙니다. 불건전한 종교적 체험은 세상에서의 도피만을 추구하지만 건전한 신앙적 체험은 성경 세계에서의 경험이 이 세상에서의 삶을 변화시키는 계기가 됩니다.

종교심리학에서는 이 과정을 문제 해결 과정이라고 합니다. 문제 해결 과정은 성령께서 조명하시는 것을 체험하기 전과 후의 과정을 설명하는 것입니다.

앞의 도식은 내담자의 여러 가지 예외상황들을 모두 설명할 수는 없지만 내담자의 문제 해결에 대한 일반적인 과정으로 보고 성경 이야기 상담에서 단계별로 적용해봅니다.

성경 이야기 상담의 과정

성경 이야기 상담의 원리는 일반적인 종교체험 도식으로 설명할 수 있습니다. 그러나 성경 이야기 상담은 종교체험 도식만으로 설명할 수 없는 분야가 있습니다. 그것은 성경 이야기 상담이 성령 사역의 일부이기 때문입니다. 그러므로 성경 이야기 상담은 성령의 사역과 불가분의 관계에 있습니다. 그러면 어떻게 성령께서 상담의 주관자가 될까요?

성령께서 상담의 주관자가 되신다는 말은 다소 생소하고 이해하기 어려울 수 있습니다. 이 말은 두 가지로 이해해볼 수 있습니다. 첫째, 성령은 보혜사로서 상담자, 위로자, 대언자 또는 도우시는 분이기 때문에 상담의 주관자가 됩니다. 둘째, 교회의 모든 사역은 예배, 선교, 전도, 교육 등의 다양한 분야가 다 성령의 인도하심으로 이루어지기 때문에 교회 사역의 주관자는 성령이라 할 수 있습니다. "만일 우리가 성령으로 살면 또한 성령으로 행할지니"(갈 5 : 25). 사실 사도 바울의 이 말씀에 의하면 교인들이 살고 행하는 모든 것의 주관자는 성령이십니다.

성령의 주관하에 이루어지는 성경 이야기 상담은 크게 세 과정으로 설명할 수 있습니다.

성령과 말씀의 상호 관련성

첫째 과정 : 상담의 시작은 성령의 임재로 동기를 부여받게 됩니다.

이 과정은 내담자가 실존적 위기를 만나 절망적인 삶을 경험하게 되어 성령의 도우심으로 새로운 대안을 절박한 심정으로 찾고자 하는 단계입니다. 또한 이 과정에서 상담자는 성령의 감동에 의해 내담자를 돕고자 하는 상담의 동기부여를 받게 되며 내담자의 문제를 파악하게 됩니다. 그리고 내담자는 실존적 위기로 말미암아 자신이 겪었던 삶을 이야기하면서 감정의 정화를 하게 됩니다.

둘째 과정 : 성령께서 성경 이야기를 사용하여 상담의 과정을 주관합니다.

이 과정에서는 성령의 도움으로 내담자가 상담자에 의해 성경 이야기 세계로 인도함을 받고, 성경 이야기 세계에서 영적 체험을 하게 됩니다. 이 과정에서 내담자가 성경 이야기를 통해 성령의 역사하심으로 관점의 변화를 경험하게 됩니다. 내담자가 지금까지는 자신의 관점으로 문제를 바라보았다면, 이 과정에서는 내담자가 자신의 문제를 성경의 관점으로 바라보면서 관점의 변화를 체험하게 되는 것입니다. 곧 성령의 역사로 인해 내담자의 관점이 성경의 관점으로 변화하게 되는 것입니다. 이 관점의 변화는 예수님의 형상을 구현하는 새로운 삶의 관문 역할을 합니다.

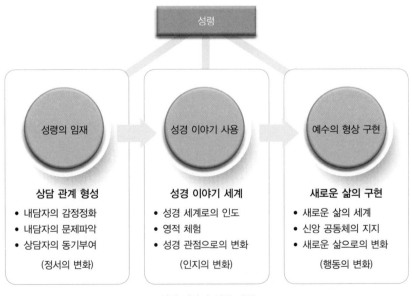

셋째 과정 : 성령께서 성경 이야기를 통하여 예수님의 형상을 내담자의 삶에 구현하기 시작합니다.

이 과정은 내담자가 성령의 도우심으로 성경 이야기를 통해서 자신의 삶에서 예수님의 형상을 구현해나가는 단계입니다. 예수님의 형상은 내담자가 새로운 삶을 구현할 때 그 목표 혹은 모델이 됩니다. 이 단계에서는 특별히 신앙 공동체의 도움이 필수적입니다. 왜냐하면 교회는 예수님의 몸이기 때문입니다. 그래서 우리는 "성령 안에서 하나님이 거하실 처소가 되기 위하여 그리스도 예수 안에서 함께 지어져" 갑니다(엡 2 : 22).

이상의 성경 이야기 상담 과정을 도식으로 나타내면 아래와 같습니다.

성령

성령의 임재	성경 이야기 사용	예수의 형상 구현
상담 관계 형성	**성경 이야기 세계**	**새로운 삶의 구현**
• 내담자의 감정정화	• 성경 세계로의 인도	• 새로운 삶의 세계
• 내담자의 문제파악	• 영적 체험	• 신앙 공동체의 지지
• 상담자의 동기부여	• 성경 관점으로의 변화	• 새로운 삶으로의 변화
(정서의 변화)	(인지의 변화)	(행동의 변화)

성경 이야기 상담 과정

성경 이야기 상담의 단계

성경 이야기 상담은 앞에서 제시한 상담 과정 도식에 따라 여덟 단계로 나누어 진행됩니다. 성령의 주관하에 이루어진 성경 이야기 상담은 성령의 임재, 성경 이야기 사용, 예수 형상의 구현 과정을 통한 여덟 단계로 구성됩니다. 성경 이야기 상담의 여덟 단계의 구성과 순서에 대해서 설명하겠습니다.

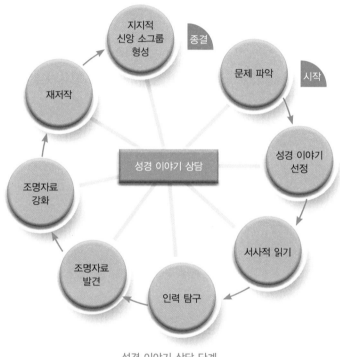

성경 이야기 상담 단계

1단계 : 문제 파악

문제 파악은 '내담자가 어떤 문제를 가지고 있는가?'를 파악하는 단계입니다. 내담자의 주 호소 문제 파악은 상담자와 내담자의 협력적인 관계에서 이루어집니다.

 2단계 : 성경 이야기 선정

파악한 내담자의 문제와 유사한 성경 이야기를 선정하는 단계입니다. 일단 내담자의 주 호소 문제를 파악하였다면, 상담자는 내담자와 함께 주 호소 문제와 관련이 있는 성경 이야기를 선정하여야 합니다.

 3단계 : 서사적 읽기

이 단계는 내담자와 함께 선정한 성경 이야기를 서사적으로 읽는 단계입니다. 여기서 서사적으로 읽는다는 것은 성경 이야기를 이야기 형식으로 읽는 것을 의미합니다. 내담자가 성경을 이야기 형식으로 읽음으로 그 성경 이야기 세계 속으로 들어가서 그 세계를 체험하는 단계입니다.

 4단계 : 인력 탐구

인력 탐구는 내담자가 성경 이야기 세계 속으로 들어가서 내담자에게 끌리는 이야기의 요소를 찾는 단계입니다. 이 단계는 성경 이야기 가운데서 내담자가 가장 끌리는 이야기의 구성 요소가 어떤 것인가, 그리고 그 끌리는 정도가 얼마만큼 되는가 하는 것을 파악하는 단계입니다. 인력 탐구는 내담자의 문제를 해결하는 데 있어서 중요한 단서가 된다고 할 수 있습니다.

 5단계 : 조명자료 발견

상담자는 내담자가 인력을 느끼는 부분에서 성경적이고 신학적인 메시지나 자료를 발견할 수 있습니다. 우리는 이것을 '조명자료'라고 이름을 붙였습니다. 이 단계에서는 이야기의 구성 요소 가운데 내담자가 인력을 느끼는 그 부분을 좀 더 상세하게 분석하고 탐색할 수 있도록 상담자가 질문을 합니다. 그러면 내담자는 상담자의 상세한 질문을 통해서 자신이 느낀 인력을 탐색하게 되고 그 끌리는 부분에서 성경적이고 신학적인 메시지를 발견할 수 있습니다. 이 성경적이고 신학적인 메시지는 내담자의 삶을 성경적으로 조명해주며 내담자의 문제를 해결하는 단서를 제공해줍니다.

 6단계 : 조명자료 강화

조명자료가 성경적이고 신학적인 메시지로서 내담자의 삶을 변화시킬 만한 힘을 가지기 위해서는 조명자료가 강화되어야 합니다. 그러면 '조명자료는 어떻게 강화시킬 수 있는가?' 조명자료를 강화하기 위해서는 조명자료에서 발견한 성경적이고 신학적인 메시지와 관련이 되는 다른 성경 이야기나 성경 말씀 또는 찬송가를 통해 신학적 교훈을 찾아야 합니다. 또한 내담자 자신의 삶에서 발견하게 되는 어떤 신앙적이고 영적인 체험 등도 강화하는 자료로 사용할 수 있습니다.

　발견된 조명자료를 이와 유사한 성경의 여러 자료와 연합시키면 그 자료가 적용되는 깊이와 넓이가 커지게 됩니다. 이렇게 될 때 내담자는 이 조명자료를 가지고 그다음 단계에서 재저작을 보다 쉽게 할 수 있습니다.

 7단계 : 재저작

재저작이라는 것은 강화된 조명자료를 가지고 내담자가 자신의 삶을 새롭게 조명하여 구성하는 것을 말합니다. 재저작된 삶은 내담자의 지배적인 문제 이야기와 대조되는 대안적인 이야기라 할 수 있습니다. 내담자가 성경적인 관점으로 자신의 삶을 새롭게 비추어본다는 것은 자신의 인생을 바라보는 지배적인 관점이 바뀐다는 것을 의미합니다. 다시 말하면 내담자가 자신의 삶은 항상 우울하고, 소외되고, 실패한다는 생각에 사로잡혀 있을 때 그의 삶은 항상 불행하고, 외롭고, 실패하는 인생이 될 수밖에 없는 것입니다. 그러나 내담자가 조명자료를 통해서 자신의 삶을 바라보는 관점을 바꾸게 된다면 새로운 가능성을 발견한다는 것입니다. 그것은 곧 내담자의 삶은 하나님이 함께하심으로 새로운 능력을 받을 수 있는 삶으로 바뀔 수 있다는 것입니다.

8단계 : 지지적 신앙 소그룹 형성

내담자가 재저작한 삶은 내담자 홀로 살아내기가 어렵습니다. 그래서 상담자는 내담자가 재저작한 삶을 계속 유지하고 문제 해결을 해나갈 수 있도록 지지적인 신앙 소그룹을 만들어주어야 합니다. 이 단계에서 중요한 것은 내

성경 이야기 상담의 과정과 단계

담자를 항상 격려해주고, 지지해주고, 위로해주는 사람을 그 주위에 모으고 정기적으로 만나게 해주는 것입니다.

성경 이야기 상담의 이론적 배경

성경 이야기 상담의 이론적인 배경을 근거로 해서 성경 이야기 상담 8단계를 단계별로 설명하겠습니다. 성경 이야기 상담은 성령론, 성경 서사론, 성경적 심리학, 이야기 상담, 교회론이라는 이론적 배경을 중심으로 성경 이야기 상담의 단계가 형성되었습니다.

성령론

W. J. 허드(Heard)는 성령께서 내담자의 마음을 새롭게 하며 심리치료의 과정에 역사한다는 사실을 강조합니다.[2] 따라서 성령론은 성경 이야기 상담의 전(全) 단계의 이론적 배경이 됩니다. 성경 이야기 상담은 성령이 상담의 주관자가 됩니다. 성령은 상담자와 내담자의 상담 과정을 주관하시며 성경 이야기라는 매체를 통해서 상담을 이끌어가십니다. 이 상담에서는 성령의 여러 사역 중 특별히 내담자 내면의 곤고함을 살피시며 힘주시며 변화를 이끌어가시는 내적 사역과 공동체를 형성하여 말씀으로 믿음을 성숙케 하는 공동체 사역에 초점을 맞춥니다.

---

2 W. J. Heard, "*Eschatologically Oriented Psychology: A New Paradigm for the Integration of Psychology and Chistianity*" In God and Culture(Eerdmans: Grand Rapids, 1993), 126-129.

성령론＝전 단계

| 1단계 | 2단계 | 3단계 | 4단계 | 5단계 | 6단계 | 7단계 | 8단계 |
| 문제 파악 | 성경 이야기 선정 | 서사적 읽기 | 인력 탐구 | 조명 자료 발견 | 조명 자료 강화 | 재저작 | 지지적 신앙 소그룹 형성 |

성경 서사론

성경 서사론은 성경 이야기 상담의 2~3단계의 이론적 배경이 됩니다. 성경 이야기 상담의 2~3단계는 성경 이야기 선정과 서사적 읽기입니다. 성경 이야기 선정과 서사적 읽기의 이론적 배경은 성경 서사론입니다. 이 단계는 내담자를 성경 이야기 세계로 인도하여 성경 세계 속에서 하나님을 만나는 영적인 체험을 하게 하는 단계입니다.

성경 서사론

| 1단계 | 2단계 | 3단계 | 4단계 | 5단계 | 6단계 | 7단계 | 8단계 |
| 문제 파악 | 성경 이야기 선정 | 서사적 읽기 | 인력 탐구 | 조명 자료 발견 | 조명 자료 강화 | 재저작 | 지지적 신앙 소그룹 형성 |

성경적 심리학

성경적 심리학은 성경 이야기 상담의 4~6단계의 이론적 배경이 됩니다. 성경 이야기 상담의 4~6단계는 인력 탐구, 조명자료 발견과 조명자료 강화 단계입니다. 내담자는 성경 이야기로 성령과 동행하심을 통해 정서의 변화와 인지의 변화 그리고 행동의 변화뿐만 아니라 영적인 변화를 체험하게 됩니다. 내담자가 하나님과 참 만남을 통해 경험하게 되는 영적인 체험에 대해서는 성경적 심리학으로 설명이 가능합니다.

이야기 상담

이야기 상담은 성경 이야기 상담의 7단계의 이론적 배경입니다. 성경 이야기 상담의 7단계는 재저작 단계입니다. 재저작 단계는 성령의 도우심으로 내담자가 새로운 삶의 이야기를 만들어가는 것입니다. 내담자는 성경 이야기로 변화된 관점을 갖고 자신의 삶을 되돌아보면서 자신의 삶의 이야기를

재구성합니다. 그렇게 하면서 내담자는 미래의 삶을 상상하면서 자신의 이야기를 만들어가는 것입니다.

교회론

교회론은 성경 이야기 상담의 8단계의 이론적 배경이 됩니다. 성경 이야기 상담의 8단계는 지지적 신앙 소그룹 형성 단계입니다. 이 단계는 내담자가 지지적 신앙 소그룹의 지지로 자신의 새로운 이야기를 구현해가는 단계입니다.

교회론

1단계	2단계	3단계	4단계	5단계	6단계	7단계	8단계
문제 파악	성경 이야기 선정	서사적 읽기	인력 탐구	조명 자료 발견	조명 자료 강화	재저작	지지적 신앙 소그룹 형성

희망으로 이끌어주신 하나님

나는 이미 12년 전부터 알코올 중독이 되어 수녀원부터 시작하여 30여 차례 폐쇄 정신 병원에 입·퇴원을 반복하면서 치유하기 위해 노력했습니다. 나 자신의 의지로 중독에서 벗어나려고 노력했으나 번번이 실패하였습니다. 심지어 어느 날에는 술로 인해 치아가 부러지고 대퇴골경부골절을 당하게 되었습니다. 그때 나에게는 아무런 희망도 보이지 않았고 매일 절망, 낙심, 증오, 분노, 원망의 삶을 살았습니다. 술로 인한 이 사고로 인해 나는 억지로 술을 참으며 견디다가 결국 다시 술을 마시게 되면서 재발의 늪으로 빠져들어 또 다시 알코올 병원에 입원하게 되었습니다.

나는 병원에서 치료를 받으면서 S교회의 병원 전도팀을 만나게 되었습니다. 나는 그들이 병원 환자들을 진정으로 사랑하고 섬기는 모습을 보면서 닫혔던 마음이 열렸습니다. 그때까지만 해도 나는 알코올 중독에서 벗어나고 싶었지만 다른 어떤 방법도 없었습니다. 그 당시 나는 우울, 환청, 환시 등의 두려움을 겪고 있었습니다. 내가 알코올 중독으로 이러한 어려움을 겪고 있을 때 병원 전도팀의 L권사님이 상담 사역하시는 목사님께로 나를 인도하여주셔서 지금까지 성경 이야기 상담을 하고 있습니다.

성경 이야기 상담 초기에는 저 자신이 걸어왔던 과거의 상황과 방탕한 생활을 할 수밖에 없었던 상황들을 중심으로 이야기를 하였습니다. 그 과정들이 지나고 나서는 예배 시간에 내가 은혜받았던 말씀을 중심으로 이야기를 하였습니다. 지금까지 2년 동안 성경 이야기로 상담한 내용은 엘리사, 요셉, 야곱, 아브라함, 창세기 1~50장, 호세아, 말라기, 룻기, 마가복음이었습니다. 지금은 욥기로 성경 이야기 상담 중입니다.

나는 말씀을 읽을 때 성경 이야기에 등장하는 인물들에게 나를 대입시켜보았습니다. 이렇게 성경 말씀을 서사적으로 읽고 난 후 하나님 말씀 속에 있는 새로운 세계를 체험하게 되었습니다. 성경 이야기에 등장하는 인물들의 삶이 나의 가슴에 새겨지면서, 나 자신도 모르게 서서히 변해가고 있었습니다.

이러한 나의 변화는 주위 사람들까지도 인정하게 되었습니다. 아들과 딸 그리고 친척들과 주위의 사람들까지도 변화된 나의 모습을 인정할 즈음에 재발의 신호가 왔습니다. 두 번의 위험은 말씀의 은혜와 영적인 지지그룹의 도움으로 재발에서 비켜갔었고, 세 번째 또한 예전에 비해 상당히 경미하게 지나갔습니다. 육체적으로도 영적으로도 빨리 회복되었습니다.

알코올 중독자인 나는 나를 변화시키고, 나의 영혼을 새롭게 하는 것은 나 자신의 생각이 아니라 나를 비워주시고 말씀으로 오신 예수님과 성령의 은혜입니다. 지금은 알코올 중독의 증상인 불안, 우울, 환청, 환시 등으로부터 상당히 호전되었습니다. 나를 치료한 것은 다름이 아니라 예배, 말씀, 찬양, 기도 시간에 임하신 성령입니다.

나는 지금 하나님 안에서 알코올 중독에서 서서히 회복되어가고 있음에 감사드리며, 그 무엇보다 가정의 평안을 회복하여주시고, 친척과의 관계 회복과 일자리를 주신 하나님께 감사드립니다. 특히 예수님을 알게 하여주시고, 성경 이야기 상담으로 치유시켜주시고, 예배를 통해 은혜로 변화시켜주심에 감사드립니다.

하나님, 저와 같이 힘들고 외로운 알코올 중독자들과 함께 삶을 나누고 싶은 소망을 이루도록 허락하여주소서.

1단계 : 02

문제 파악

1단계 문제 파악	2단계 성경 이야기 선정	3단계 서사적 읽기	4단계 인력 탐구	5단계 조명 자료 발견	6단계 조명 자료 강화	7단계 재저작	8단계 지지적 신앙 소그룹 형성

문제 파악의 개념

성경 이야기 상담의 1단계는 문제 파악 단계입니다. 문제 파악 단계는 일반 상담에서 사용하는 기법이나 원리들이 많이 적용됩니다. 이 단계에서 상담자는 내담자와 합의하에 내담자의 주 호소 문제를 파악합니다.

상담자는 내담자의 이야기를 들으면서 내담자의 주 호소 문제를 파악해야 합니다. 일반적으로 내담자는 실존적 위기 상황을 경험하고 문제를 느끼게 됩니다. 이때 상담자는 내담자의 문제를 정확하게 파악하는 것이 우선되어야 합니다.

문제 파악 단계에서 유의할 점은 파악한 주 호소 문제가 상담의 종결까지 일관되지 않을 수도 있다는 것입니다. 때로는 이 단계에서의 주 호소 문

힘듦을 호소하는 내담자

제가 표면적이었다가 후에 심층적인 문제가 드러날 수 있고, 세상적인 문제가 신앙적인 문제로, 다른 사람의 문제가 나의 문제로 바뀔 수 있습니다. 어느 단계에서 이런 현상이 일어나느냐에 따라 성경 이야기를 다시 선정해야하느냐 아니냐 하는 결정을 해야 합니다. 일반적으로 말하면 새롭게 발견된문제를 새로운 성경 이야기로 다루어주는 것이 효과적입니다.

성경 이야기 상담에서 상담자와 내담자 간의 협력적인 관계를 유지하기위해서는 다음과 같은 자세가 필요합니다. 상담자는 관심, 경청, 공감, 내용확인, 지각 확인 등과 같은 대화법을 통해 내담자의 문제를 파악합니다.

효과적인 상담관계를 유지하기 위해서는 내담자의 성향도 잘 알아야 합니다. 말수가 적은 내담자의 경우 일상적인 삶에서 자신의 말이 가치가 없다든지 이해받지 못한다든지 혹은 상대방에게 부담이나 해를 끼친다는 생각을 하는 경우가 많습니다. 반대로 내담자가 말이 많아서 통제하기 어려울 때도 있습니다. 이런 경우 내담자는 침묵에 대한 두려움을 가지고 있든지 자기중심적인 삶에 익숙해 있기 때문에 상대방을 배려하는 차원에서 말할 수 있는 시간을 미리 정하는 것이 좋습니다. 상담에서 가장 적절한 질문은 내담자가 지금-여기에서 말하고 있는 것과 직접 관련된 것입니다. 질문 시 유의사항은 아래와 같습니다.

첫째, 내담자가 이야기를 마친 후에 질문을 한다.
둘째, 상담자의 질문은 내담자가 이야기를 계속해나갈 수 있도록 도와주는 것이어야 한다.
셋째, 내담자의 이야기를 어떻게 들을 것인가는 상담자의 직관에 달려있다.
넷째, 내담자가 '예' 혹은 '아니요'로 답할 수 있는 질문은 피한다.

상담자는 내담자의 문제를 내담자의 입장에서 이해하도록 해야 합니다. 상담자가 자신의 관점에서 문제를 보는 것을 피하기 위해서 수시로 내담자의 말을 듣고 이해한 것을 내담자에게 확인하는 것이 필요합니다. 이렇게 함으로써 내담자의 문제에 대해 섣불리 그릇된 해결책을 제시하는 잘못을 피할 수 있습니다.

상담자의 영성

성경 이야기 상담에서는 상담 관계, 상담 과정 및 상담 기법의 적용에도 상담자의 영성이 깊이 관련되어 있다고 봅니다. 상담자와 내담자 간의 벽을

상담자의 영성이 중요하다

뛰어넘는 공감대의 형성은 성령의 사역에서 큰 도움을 받을 수 있습니다.

성령의 인도하심을 받는 상담자는 자신이나 내담자를 교회로부터 분리시키지 않습니다. 왜냐하면 성령의 사역으로서의 상담은 교회 공동체의 협력으로 이루어지는 것이며, 그것과 분리되어서는 올바른 상담이 이루어지지 않기 때문입니다. 성령은 우리에게 영적인 선물들을 주시는데 이것은 하나님을 더욱더 잘 섬기게 하기 위함입니다. 성령께서 인도하시는 상담자는 그가 하고 있는 일을 위해서 하나님에 의해서 특별한 재능이 부여됩니다. 상담자가 결코 잊어서는 안 될 사실은 내담자들의 삶에 참된 도움을 지속적으로 줄 수 있는 상담자의 강건함과 특별한 은사는 바로 성령께서 주시는 것이라는 사실입니다.

아래의 체크리스트는 상담자 자신이 스스로를 진단해볼 수 있도록 고안

되어 있습니다. 영성 체크리스트란 말 자체가 어폐가 있을 수 있습니다. 영성을 검증할 수 있는 객관적이고 일반적 기준을 찾는 것은 매우 어렵습니다. 여기서 열거된 것은 영성의 중요한 요소들 중에서 선별된 것이고 모든 사항을 다 제시한 것은 아닙니다. 단지 상담자가 참고로 자신의 신앙생활을 돌아볼 수 있는 기준이란 점만 밝혀둡니다. 상담자 자신이 스스로의 영성을 점검해볼 수 있는 기준을 만드는 것도 좋습니다.

상담자 영성 체크리스트

신앙생활			
	하지 않음	가끔	자주
예배			
기도			
헌금			
성경 읽기			
성례전 참여			
교제			
전도			

은사활용			
	하지 않음	가끔	자주
섬김			
구제			
권면			

(다음 페이지에 계속)

긍휼 베풂			
지도			
지혜의 말씀			
지식의 말씀			
예언			
병 고침			
영적 분별			
방언			
방언 통역			

이 은사들은 모든 것을 다 체크할 필요는 없고 자신에게 주어진 것만 체크하면 됩니다(롬 12:7-8, 고전 12:8-10).

성령의 열매			
	빈약함	보통	풍성함
사랑			
희락			
화평			
오래 참음			
자비			
양선			
충성			
온유			
절제			

성령의 열매들은 자신의 삶을 성찰하면서 다 체크해볼 필요가 있습니다(갈 5:22).

상담자의 대화적 질문

우리가 상담을 할 때 내담자의 주 호소 문제나 생각들을 알기 위해서는 적절한 질문을 하는 것이 중요합니다. 상담에서 질문을 하는 것은 끊어지기 쉬운 대화를 넓혀가는 역할을 합니다. 만약 상담자가 질문보다 해석이나 자신의 의견을 말하면, 내담자는 그것에 대항하는 힘이 생겨서 지금까지 자신이 가지고 온 생각에 보다 더 집착하는 부작용을 초래할 수 있습니다.

상담에서 가장 적절한 질문은 내담자가 지금-여기(here and now)에서 말하고 있는 것과 직접 관련된 것입니다.[1] 대화적 질문은 현재 언급되고 있는 것을 보다 잘 알고 싶다는 마음에서 생겨납니다. 대화적 질문의 핵심은 내담자에게 단지 질문하거나 가설 검증을 위한 정보를 수집하는 것이 아니라 현재 내담자가 호소하는 문제와 관련되어야 합니다.

내담자가 겪고 있는 어려움 중의 하나는 자신과 함께 있어줄 사람이 없다는 것입니다. 내담자는 자신의 고통을 함께 느낄 수 있는 사람을 필요로 하고 있습니다. 내담자는 상담자가 던지는 대화적 질문을 통해 자신의 이야기를 이어갈 때 서로가 함께 있다는 느낌을 가질 수 있습니다. 이러한 대화적 질문을 통해 내담자는 자신의 이야기를 이어가고, 그 과정을 통해 서로가 '함께 있다'는 느낌을 가지게 되며, 이 느낌이 바로 협력적인 관계를 갖게 합니다. 이처럼 상담자가 내담자에게 할 수 있는 최고의 사랑은 내담자와 함께 있으려는 노력일 것입니다. 상담자가 내담자의 문제를 내 문제처럼 느낄 수 있다면 치료가 일어나게 될 것입니다.

1　Tom Andersen, *The reflecting team*: *Dialogues and Dialogues About the Dialogues*(ed.) In Sheila McNamee and Kenneth J. Gergen (Eds.), *Therapy as Social Construction*, 101.

함께 있다는 느낌

사도 바울은 성령께서 이 공감의 사역을 하신다고 말씀합니다. "이와 같이 성령도 우리의 연약함을 도우시나니 우리는 마땅히 기도할 바를 알지 못하나 오직 성령이 말할 수 없는 탄식으로 우리를 위하여 친히 간구하시느니라"(롬 8 : 26).

대화적 질문에서 유의해야 할 것은 첫째, 내담자가 말을 마치고 더 이상 이야기할 게 없다는 태도를 보일 때까지 기다렸다가 질문을 합니다. 둘째, 대화적 질문의 내용은 상담자의 직관에 의한 것입니다. 그 직관의 기초는 내담자가 이런 질문을 듣게 된다면 좀 더 이야기하기 쉬울 것이라고 판단된 것입니다. 상담자의 이 직관은 성령님의 도우심이 있을 때 더 효과적입니다. 상담자의 질문 내용은 내담자가 이야기를 더 잘할 수 있도록 도와주는 윤활유 역할을 하는 것이 되어야 합니다. 셋째, 질문 후 내담자의 대답을 어떻게 들을 것인가에 대한 것도 상담자의 직관에 의존합니다. 이때 내담자의

이야기를 듣는 상담자의 태도는 내담자와 거기에 함께 있으려고 노력하는 것입니다.[2]

문제 파악 방법

성경 이야기 상담의 첫 단계는 일반적인 상담 접근과 마찬가지로 내담자와 신뢰관계를 형성하는 것입니다. 신뢰감을 형성하기 위해서는, 상담자는 내담자가 겪고 있는 어려움과 문제를 호소할 때 무조건적인 수용과 공감적 경청을 통해 내담자를 있는 모습 그대로 수용해주어야 합니다. 내담자는 상담자의 수용과 공감을 통해 문제 속에 있던 억압된 감정들을 방출하게 되고, 자기 자신을 있는 그대로 이야기할 수 있는 용기를 갖게 됩니다.

상담자는 내담자가 자신의 문제를 이야기하는 동안 내담자의 주 호소 문제를 파악해야 합니다. 상담자가 내담자의 주 호소 문제를 파악할 때에는 내담자의 언어로 파악하는 것이 효과적입니다.[3]

상담자는 내담자의 정서적 · 육체적 · 지적 · 영적인 측면과 관련해서 현재 내담자가 겪고 있는 어려움이나 힘듦에 대해서 파악하고자 해야 합니다. 상담 장면에서 내담자의 문제가 다양하게 나타날 수 있는 데, 이때 상담자는 내담자로 하여금 그중에서 가장 중요한 문제를 찾도록 해야 합니다. 이 과정을 통해 내담자의 주 호소 문제가 명확하게 파악되며, 이 주 호소 문제의 파악이 곧 상담의 목표가 됩니다. 주 호소 문제가 명확하게 파악될 때 비로소 다음 단계인 성경 이야기 선정이 명확하게 될 수 있습니다.

상담자가 내담자의 주 호소 문제를 파악할 때는 내담자가 진술한 언어로

---

2 위의 책.
3 박민수 · 오우성, 이야기 상담의 과정과 기법(서울 : 시그마프레스, 2009), 113.

서 한두 문장으로 파악할 수 있어야 합니다. 만약 내담자의 주 호소 문제가 명확하게 파악되지 않고 다음 단계로 상담이 진행되었을 때, 일반적으로 내담자는 조명자료 강화 단계 또는 재저작 단계에서 다시 자신의 문제 이야기로 돌아가는 경향이 있습니다.

문제 파악 질문

성경 이야기 상담의 특징은 상담자의 '알지 못한다(not-knowing)'의 자세입니다. 상담자의 '알지 못한다'라는 태도는 상담자가 전문가가 아니라 내담자가 자신의 삶의 전문가라는 입장입니다. 따라서 성경 이야기 상담은 성령의 도우심으로 상담자와 내담자 간의 상호 협력적인 관계를 통해 상담이 이루어집니다.

📖 **상담하는 동안 불리기를 원하는 호칭에 대해 질문합니다.**

상담자는 내담자에게 상담하는 동안 불리기를 원하는 호칭에 대해서 질문합니다.

"상담하는 동안 제가 당신을 무엇이라고 부르면 좋겠습니까?"

"그 의미는 무엇입니까?"

성경 이야기 상담을 처음 시작할 때, 상담자는 내담자에게 상담하는 동안 불리기를 원하는 호칭을 선택하도록 합니다. 여기서 호칭은 우리가 흔히 집단상담에서 붙이는 별칭이나 애칭이 아닙니다. 내담자 자신이 상담하는 동안에 불리고 싶은 편안한 호칭을 의미합니다. 내담자에게 직접 호칭을 짓게 하는 것은 상담자와 내담자의 상호협력적인 관계를 의미하는 것이며, 또한 상담자가 임의로 내담자의 이름이나 호칭을 사용함으로 말미암아 그 이름이나 호칭 속에 내담자를 가두는 우를 범하지 않기 위해서입니다.

현재 겪고 있는 어려움이나 힘듦을 중심으로 질문합니다.

"오늘 우리가 상담하는 동안 어떤 이야기를 하면 상담을 마쳤을 때 '아! 도움을 받았구나.'라고 말할 수 있겠습니까?"

"현재 당신이 겪고 있는 갈등이나 또는 고민하는 문제가 있다면 그것은 무엇입니까?"

내담자가 자신의 힘듦이나 어려움을 이야기한다는 것은 결코 유쾌한 경험이 아닙니다. 자신의 힘듦을 이야기한다는 것은 아픔이요 고통입니다. 따라서 상담자는 내담자가 현재 자신이 겪고 있는 힘듦이나 어려움을 이야기할 때 선(先)판단을 하거나 해결책을 제시하려고 해서는 안 됩니다.

오히려 상담자는 내담자의 이야기에 충분한 경청과 공감을 하여야 합니다. 이러한 공감적 경청을 통해 내담자는 자신의 이야기를 좀 더 편안하게 이야기할 수 있게 되며, 그 이야기함을 통해 감정의 정화에 이르게 됩니다. 이러한 과정을 통해 내담자는 자신의 문제를 객관적으로 바라볼 수 있게 됩니다. 이렇게 하면서 상담자와 내담자는 한층 높은 신뢰관계를 형성해갑니다.

📔 문제 규정 질문

핵심 문제를 파악하기 위해 문제를 규정하는 질문을 합니다.

"이 문제 중에서 당신을 가장 힘들게 하는 것은 무엇인 것 같습니까?"

📔 문제 영향력 평가 질문

핵심 문제와 관련하여 일어났던 내담자의 생각·감정·행동에 대해 질문합니다.

"당신은 이 문제에 대해서 어떤 생각이나 느낌이 듭니까?"

핵심 문제와 관련된 질문들은 내담자에게 문제의 영향력을 스스로 평가하도록 기회를 제공해줍니다. 이러한 문제 영향력 평가를 통해 내담자는 자신과 문제를 스스로 분리시키게 됩니다.

📔 문제 파악 질문

상담자는 내담자의 주 호소 문제를 내담자와 협의하에 파악합니다.

"당신이 겪고 있는 어려움은 ……인 것 같네요? 제가 이해한 것이 맞습니까?"

……은 상담자가 내담자의 이야기를 들으면서 파악한 내담자의 문제를 넣어서 되물어보는 것입니다. 내담자의 문제를 파악할 때에도 상담자는 내담자와 협의를 해야 하며, 내담자의 주 호소 문제는 내담자의 언어로 기술하는 것이 효과적입니다.

📔 내담자에게 상담을 정리 · 요약하게 합니다.

"오늘 상담을 하면서 떠오르는 생각이나 느낌은 무엇입니까?"

"오늘 상담을 하면서 도움이 되었던 것은 무엇입니까?"

....

....

....

문제 파악 상담 사례

성경 이야기 상담은 내담자가 현재 겪고 있는 어려움이나 문제를 기술함으로써 시작하고, 상담자는 내담자의 이야기를 경청하고 관찰함으로써 진행됩니다. 주 호소 문제의 파악은 상담자의 '나는 알지 못한다'는 태도와 상담기법을 통해 이루어집니다.

상담자는 내담자와의 대화에서 먼저 내담자가 현재 겪고 있는 어려움이나 힘듦을 있는 그대로 표현할 수 있도록 격려하면서, 내담자에게 자신의 주 호소 문제를 자각할 수 있도록 대화 기법으로 도와줍니다. 이러한 상담 과정을 통해 상담자는 내담자의 주 호소 문제를 파악하고, 파악된 주 호소 문제를 내담자와 협의하여 선정합니다. 명확하게 파악된 주 호소 문제는 상담의 목표가 되며, 문제 해결점의 기초가 됩니다.

상담자 상담하는 동안에 제가 무엇이라고 부르면 좋겠습니까?

내담자 저는 '자매'라고 불러주시면 좋겠어요.

상담자 자매님이 현재 겪고 있는 어려움이나 힘든 점은 무엇입니까?

내담자 저는 지금 남편과 별거 중에 있어요. 별거한 지 벌써 10여 년이나 되었네요. 결혼 후 5년 동안은 남편과 매우 좋은 관계였어요. 남편은 나에게 늘 다정다감하게 대해주었어요. 그런데 남편의 외도 때문에 별거하기 시작했어요.

상담자 지금까지 남편과 행복하게 살아왔는데, 남편의 외도 때문에 지금 은 힘들고 괴로우시겠네요?

내담자 남편은 애들한테나 저에게 너무너무 잘했어요. 다른 사람들이 애 기 아빠를 부러워할 만큼 잘했어요. 그런데 결혼하고 난 다음 5 년 후에 새 아파트에 들어가기 위해 1년 동안 떨어져 있었어요. 그때 남편이 외도를 하였어요. 남편은 굉장히 여린 사람이에요. 자기도 문제를 만들고 난 후에 굉장히 힘들어했는데……. (눈물 을 흘리면서 잠시 침묵)

상담자 음, 음…… 남편이 이웃의 부러움을 살 만큼 가족들에게 잘해주 었는데, 그러한 남편이 외도를 하게 되니 남편이 원망스럽기도 하면서 한편으로는 가슴이 아픈가 보군요.

내담자 자기 집을 자기 손으로 무너뜨리는 것이 더 못 참을 것 같아요. 그러면서 자기가 또 행복하면 괜찮은데 자기도 힘들어서 감당이 안 되니까 계속 도망을 다니고 싶어 하는 거예요. 자기가 자신을 망치는 거예요. 그냥 막 살아가는 것 같아요. 사실 제가 두 마음 인 것처럼 그 사람도 두 마음인 것 같아요. 그런 사람을 제가 보 고 있는 것조차도 힘이 들어요. (울먹이면서 말함)

상담자 자기 자신이 가정을 망가뜨리고 괴롭게 살아가는 남편을 바라볼 때 불쌍하고 애처로운가 보네요?

(10초간 침묵이 흐름. 내담자는 계속 눈물을 흘리고 있음)

상담자 남편의 외도가 자매님의 생각과 감정에 어떤 영향을 주었을 것 같아요?

내담자   그렇게 힘들 것을 왜 그랬는지? (침묵) 그렇게 재미났는데, 그렇
         게 행복했는데, 그때 왜 그렇게 했느냐고, 그때 왜 그랬느냐고,
         그 말만 제 속에서…… 그 말밖에 한 말이 없는 것 같아요. (울먹
         이면서 천천히 말함)

상담자   네, 많이 힘드신 것 같네요. (침묵) 그러면 그 문제가 자매님의 삶
         에는 어떤 영향을 주었나요?

내담자   너무 혼란스러워요. 삶들이 뒤죽박죽되었어요. 내가 어떻게 하여
         야 하는지도 모르겠어요. 아이들을 생각하면 가슴이 아프고 머리
         가 아파요. 나에게 왜 이러한 시련과 어려움이 오는지 모르겠어
         요. 너무 괴로워요.

상담자   음……. 가슴이 먹먹하고 괴로우시겠네요? (침묵) 이러한 것이
         가족들에게는 어떤 영향을 주었어요?

내담자   사실 아이들은 아직 이 사실을 몰라요. 아이들에게는 지금까지
         아빠와 별거하고 있다는 사실을 숨기면서 살아왔어요. 아이들에
         게는 아빠가 외국에 가 계시는 것으로 되어 있어요. 아이들에게
         상처를 주지 않기 위해 숨겨왔어요. 아이들에게 상처 주지 않기
         위해 최선을 다해 살아왔어요. 아이들을 위해서 아빠가 정기적으
         로 집으로 찾아와서 아이들을 만나곤 하였어요.

상담자   두 분이 모두 자녀들이 이 일로 인해 상처를 받지 않을까 염려를
         하면서 노력해오셨네요?

내담자   네, 아이들이 자꾸 커가는 데 사춘기도 접어들고 아빠를 어떻게
         보여주어야 하는지 모르겠어요. 아이들에게 아빠 이야기를 어떻
         게 풀어가야 하는지 모르겠어요.

상담자   사춘기가 된 자녀에게 이제는 아빠에 대해 이야기를 하여야겠다

고 생각은 하는데, 어떻게 설명을 해야 할지 몰라 혼란스러우신 것 같네요?

내담자 네, 정말 걱정이에요. 이러한 사실을 아이들에게 어떻게 말해야 하는지를 생각하면 머리가 아파요. 이제는 제 삶에서 남편을 좀 떼어내고 싶어요. 사고를 치면 너무 힘들어져서 떼어내고 싶어요. 하나님께 약속받은 것이 있어서 이러지도 저러지도 못하겠어요.

(10초간 잠시 침묵이 흐름)

상담자 남편을 떼어내고 싶지만 하나님께 받은 약속 때문에 떼어낼 수 없어 힘드신 것 같네요? 하나님께 받은 약속이 있다고 하셨는데, 어떤 약속인지 말씀해주실 수 있나요?

내담자 하나님은 그를 장로로 세우겠다는 약속을 했어요. 하나님의 그 약속 때문에 몇 년을 버텨왔어요. 서류상으로 정리를 하고 싶었어요. 그러나 하나님의 약속을 받고 보니까 이혼하는 것이 하나님이 원하시는 것이 아니구나라는 생각이 들었어요. 억지로 복종했다고 하여야 하나⋯⋯.

상담자 하나님께서 남편을 사랑하시어서 남편을 장로로 세우시겠다는 약속을 받으셨군요?

내담자 남편을 좀 떼어내고 싶습니다. 사고를 치면 너무 힘들어져서 떼어내고 싶어요. 하나님께 약속받은 것이 있어서 이러지도 저러지도 못하겠어요.

상담자 그러면 현재 자매님을 힘들게 하는 것은 하나님께 받은 약속이 있어서 이러지도 저러지도 못한다는 이야기군요?

내담자 네, 맞아요.

상담자	그러면 현재 자매님을 힘들게 하는 것은 하나님께 받은 약속 때문에 남편을 받아들여야 하는 데, 마음으로 받아들이지 못하는 것이군요?
내담자	네, 그래요.

상담 사례의 문제 파악 방법

내담자가 남편과 이혼하지 못하는 이유를 살펴보면 내담자 자신의 삶의 주제들과 주 호소 문제가 나타납니다. 내담자의 주 호소 문제는 '남편이 외도를 하였다는 것, 이러한 사실이 고통스럽고 도저히 용서가 되지 않는다는 것, 사춘기에 접어든 자녀들에게 아빠의 존재에 대해 어떻게 설명해야 좋을지 알 수 없다는 것, 하나님께 받은 남편에 대한 약속 때문에 남편과 헤어지지 못한다'는 것입니다.

내담자의 이야기를 통해 주 호소 문제를 파악할 수 있습니다.

● 표면적인 호소 문제

"아이들이 자꾸 커가고 사춘기에 접어드는데 아빠를 어떻게 보여주어야 하는지 모르겠습니다. 아빠 이야기를 어떻게 풀어가야 하는지 모르겠습니다."

● 심층적인 호소 문제

"남편을 좀 떼어내고 싶습니다. 사고를 치면 너무 힘들어져서 떼어내고 싶습니다. 하나님께 약속받은 것이 있어서 이러지도 저러지도 못하겠습니다."

● 합의된 문제 규정

"현재 자매님을 힘들게 하는 것은 하나님께 받은 약속 때문에 남편을 받아들
여야 하는데, 마음으로 받아들이지 못하는 것이군요?"

이 과정을 보면 내담자가 처음에는 단지 '자녀에게 아빠를 어떻게 설명할
것인가?'라는 문제로 상담을 하게 되었습니다. 상담을 하면서 내담자의 문
제는 표면적인 문제에서 심층적인 문제로 들어가게 되었습니다. 결국 그녀
가 남편과 헤어지지 못하는 것은 하나님께로부터 남편에 대해 받은 약속 때
문이었습니다. 그녀는 하나님께 받은 약속 때문에, 머리로는 남편을 용서
하고 받아들여야 하는 것은 아는데 마음으로는 아직도 용서하지 못해 괴로
워하고 있는 것입니다.

이러한 과정을 보면서 내담자는 처음에는 표면적인 문제를 이야기하면
서, 점진적으로 자신의 심층적인 문제를 이야기하게 되었습니다. 이때 상
담자의 태도는 '나는 알지 못한다'는 자세로 내담자가 자신이 정말 하고 싶
은 문제 이야기를 할 수 있도록 도와주는 것이 필요합니다.

성령의 열매로 효도하자

나는 어머니와 갈등이 있습니다. 나는 막내아들이지만 10년째 어머니를 모시고 있는데, 많이 다퉈 괴롭습니다. 어머니는 나를 낳고 길러주신 분이지만, 나는 어머니가 어떤 분인지 모르겠습니다. 어머니는 나를 낳으시고 기르셨으면서 나를 이렇게 알지 못하시는지 이해가 안 됩니다.

어머니는 "너희도 늙어봐라. 너희도 당해봐라."라는 말을 자주 합니다. 어머니는 계속 이와 같은 말을 반복하시면서, 이것에 대해 아무런 말을 못하는 나를 보면서 뭔가 즐거워하시는 것 같습니다. 나는 오랫동안 대답할 말이 생각나지 않아 계속 듣기 싫은 말을 듣고만 있었습니다. 그러다가 어느 날 나는 어머니에게 "나는 늙어도 어머니처럼 늙을까 봐 걱정이오. 늙어도 어머니처럼 늙기는 싫소."라고 말하였습니다. 이렇게 내가 어머니에게 강한 어조의 말을 하고 나면 어머니는 그 말을 더 이상 하시지 않습니다.

이러한 문제들로 인하여 우리 가정은 심각하게 싸우고 다투었습니다. 내가 어머니에게 발을 동동 구르면서 부탁드려도 통하지 않고, 애원하고 간곡하게 사정을 해도 안 들어주십니다. 나는 괴롭습니다. 한 집에 같이 살고 싶지 않아도 어머니이기 때문에 할 수 없이 살고 있습니다.

내가 교회의 어떤 일이나 공사를 할 때마다 부딪히기 때문에, 한번은 어머니를 형님 댁에 보내어 공사가 끝나고 나면 오시라고 한 적도 있습니다. 나는 '어머니가 싫다. 정말 싫다. 어떤 때는 차라리 죽고 없었으면 좋겠다'라는 생각도 솔직히 많이 했습니다. 그러나 어머니는 다른 자녀 집에도 가 있을 곳이 없습니다.

나는 도시목회로 갈 기회가 있었지만 어머니의 거처할 곳이 마련되지 못해서 포기하고 말았습니다. 어머니는 나를 낳아줬다는 것 외에는 남들보다 나은 점이 없는 것 같습니다. 내가 나를 바라보면 내 마음과 얼굴은 항상 찌푸려져 있습니다. 성경에는 '자녀들에게는 부모를 공경하라, 부모들에게는 자녀를 노엽게 말라' 말씀하고 있는데, 우리는 양쪽 모두가 복 받을 짓을 못하고 있습니다. 원수가 한 지붕 아래 있다더니…, 안타깝고 답답합니다.

소그룹별 성경 이야기 상담에서 선정된 성경 이야기는 룻기였습니다. 룻기에는 현재 내가 아들로서 겪고 있는 어머니와의 갈등이나 아픔은 없는 것 같습니다. 그러나 부분적으로 룻이 남은 음식을 시모 앞에 내어놓고 대화를 나누는 장면에서 나의 주 호소 문제와 관련하여 절반 정도의 답은 얻을 것 같습니다. 왜냐하면 나는 어머니가 사람들에게 음식을 권하면서 정을 나누는 평소 삶의 모습을 보아왔습니다. 그러므로 나도 어머니에게 음식을 먹고, 권하면서 조근조근 대화를 나누기를 실행해본다면 보다 좋은 관계로 나아갈 것 같았습니다.

룻기를 읽으면서 룻이 나의 마음을 가장 끌었지만 계속 읽으면서 오히려 보아스에게서 약간의 답을 얻을 수 있지 않았나 생각됩니다. 보아스는 자기의 목표를 이루기 위하여 전략과 지혜를 다하는 모습을 가지고 있으며, 이러한 모습을 닮고 싶습니다. 실제로 내가 러닝머신을 거실에 두자고 어머니에게 제안했을 때 어머니는 "갖다놓아도 사용하지 않을 것이 뻔한데 절대로 안 된다"고 했습니다. 그래서 순간 지혜로운 생각이 떠올랐습니다. "어머니 한 달만 두어봅시다. 한 달 동안 지켜보고 사용을 안 하거든 그때에 치우도록 하면 어떻겠습니까?"라고 했더니 그러면 그렇게 해보자고 타협이 되었고, 나의 목표를 성취했습니다. 보아스의 배려하는 마음과 목표를 성취하려는 지혜와 노력이 나에게 필요한 것 같습니다.

성경 이야기 상담을 통하여 성령의 도우심으로 어머니와의 관계는 많이 개선되고 있습니다. 그동안 나와 어머니는 룻처럼 음식과 대화 및 칭찬을 통하여 마음이 많이 가까워졌습니다. 칭찬은 음식을 주제로 하여 "이 멸치볶음을 보니까 초등학교 소풍 갈 때 어머니가 멸치볶음으로 도시락 반찬을 해주셨는데 그때 참 맛있었던 기억이 나네요. 아~, 그때 멸치볶음이 얼마나 맛있었던지……."라고 했더니 어머니는 정말 오래간만에 흐뭇해하고 즐거운 마음으로 대화를 나누었습니다.

5월 4일 밤에 딸이 "아빠! 요즘 할머니가 많이 달라진 것 아세요? 아빠가 노력 많이 해서 그런 것 같아요."라고 변화된 것을 말해 주었습니다. 5월 13일 저녁 식사할 때 어머니께서 "조금씩 남은 음식을 먹고 그릇을 비우라"고 하실 때 "어머니! 이런 것 자꾸 먹으라고 하시니까 제가 자꾸 살이 찌잖아요. 운동하게 인라인스케이트 같은 것 하나 사준다든지 하면 어때요. 한 돈 십만 원은 줘야 할 걸요." 그러자 어머니는 "십만 원이라면 내가 주마."라고 하였습니다. 이렇게 요즈음 나와 어머니는 서로 말이 많이 부드러워졌습니다.

어머니를 내가 모시는 것에도 하나님의 뜻이 있을 것이라고 생각합니다. 나는 이제 생활 속에서 작고 사소한 경우라도 긍정적인 관계를 중요하게 생각하며 살 것입니다. 생활 속에서 작은 배려, 작은 말 한 마디, 작은 마음 씀씀이, 작은 기쁜 마음을 만들어드리기를 힘써서 작은 것을 드려 큰 은혜(화평, 행복, 감사, 기쁨……)를 얻는 삶이 되기를 바랍니다. 나는 성령의 도우심과 말씀을 굳게 잡고 의지하여 성령의 아홉 가지 열매로 대접하는 생활이 되어서 하나님께 영광이 되는 삶이되기를 소망합니다. 이렇게 되면 목회에도 큰 힘을 얻을 것 같습니다. 가정의 분위기도 행복해질 것 같고, 자녀들 보기에도, 교인들 보기에도, 형제들 보기에도 아름답고 좋은 시너지 효과들이 많이 있을 것 같습니다.

맞닥뜨려지는 상황마다 필요한 성령의 열매로써 대접하는 것입니다. 성령께서 확실한 답을 주시기 전에는 말과 행동을 오래 참음의 열매로 대접을 해야 하고, 마음이 불편하실 때는 평안의 열매로, 매사에 말과 행동을 하기 전에 합당한 말을 하나님께 기도하는 자세를 가져야 하겠습니다.

2단계 :

성경 이야기 선정

03

성경 이야기 선정

1단계	2단계	3단계	4단계	5단계	6단계	7단계	8단계
문제 파악	성경 이야기 선정	서사적 읽기	인력 탐구	조명 자료 발견	조명 자료 강화	재저작	지지적 신앙 소그룹 형성

성경 이야기 선정 개념

성경 이야기 상담의 2단계는 상담자와 내담자가 합의하에 파악한 주 호소 문제에 가장 적절하거나 관련된 성경 이야기를 선정하는 것입니다. 성경 이야기 선정은 내담자의 주 호소 문제와 직접적인 관련이 있는 성경 이야기를 선정하는 것입니다. 만약 성경 이야기가 내담자의 주 호소 문제와 직접적인 관련이 없다면 간접적으로라도 관련이 있는 성경 이야기를 선정하여야 합니다.

성경에는 수많은 이야기가 있는데 그중에서 내담자의 문제와 관련이 있는 가장 적절한 이야기를 선정해야 합니다. 이때 상담자에게는 성경 이야기에 관한 관련 지식과 매뉴얼이 있으면 도움이 됩니다. 상담자가 내담자에게

많은 이야기를 담고 있는 성경

성경 이야기를 선정해주는 방법이 있지만, 그러나 내담자가 직접 자신의 주호소 문제와 관련된 성경 이야기를 선정하는 것이 더 효과적입니다. 왜냐하면 내담자가 자신의 문제를 누구보다도 더 잘 알고 있기 때문입니다. 내담자가 자신의 문제와 관련되는 성경 이야기를 직접 선정하게 되면 상담 효과가 더 커지는 것입니다.

이 단계에서 내담자가 성경 이야기를 선정하게 되는 것은 다소 신비스러운 일입니다. 그러나 예수님께서 말씀하셨듯이 성령께서는 우리가 주님의 말씀을 기억하도록 도우십니다. "보혜사 곧 아버지께서 내 이름으로 보내실 성령 그가 너희에게 모든 것을 가르치고 내가 너희에게 말한 모든 것을 생각나게 하리라"(요 14:26).

성경 이야기 선정 방법

성경 이야기를 선정할 때 먼저 상담자는 내담자의 성경에 대한 친밀감을 알아보아야 합니다. 내담자의 성경 이야기에 대한 친숙도에 따라 상담을 두 가지 방향으로 진행할 수 있습니다. 내담자가 성경 이야기에 익숙한 경우와 익숙하지 못한 경우가 있습니다. 성경에 익숙한 내담자는 스스로 자신의 문제와 유사한 성경 이야기를 찾게 합니다. 그러나 내담자가 성경에 익숙하지 않다면, 상담자가 내담자와 합의하여 파악된 '주 호소 문제'와 관련된 성경 이야기를 선정해줍니다.

내담자가 성경 이야기에 익숙한 경우는 그렇지 못한 경우와 차이가 있지만 성경 이야기에 익숙하지 않은 내담자라고 해서 성경 이야기 상담이 적용되지 못한다고 할 수 없습니다. 단지 그 효과 면에서 성경 이야기에 익숙한 내담자의 경우보다 낮은 것은 분명합니다.

성경에 익숙한 내담자	성경에 익숙하지 않은 내담자
내담자가 선정한 성경 이야기로 상담 진행	상담자가 선정한 성경 이야기로 상담 진행

만약 내담자가 비기독교인으로서 성경을 잘 모를 때는 창세기의 이야기가 적절합니다. 왜냐하면 창세기의 이야기는 율법이 있기 전, 교회가 있기 전의 보편적인 인류의 이야기이기 때문입니다. 상담자가 성경 이야기의 지식이 부족하다면 뒤에 나오는 주제별 성경 이야기 자료집을 참고하시면 도움이 될 것입니다.

내담자가 성경 이야기를 직접 선정할 경우 정서적 표출이나 문제 해결이 더 쉬워집니다. 그러나 내담자가 성경에 저항을 느끼는 경우는 내담자의 문제를 먼저 심리학적으로 분석하고 그 후에 성경 이야기와 접목시키는 것이 현명합니다. 따라서 성경 이야기 상담은 고정된 상담 과정과 단계를 설정하기보다는 상담자의 자율성에 많은 것을 의탁하는 상담입니다. 상담자는 내담자의 정황에 따라서 특정한 성경 이야기를 선택하고 그것을 적용하는 시기도 상담자의 판단에 의존하게 됩니다.

성경 이야기 선정 질문

 성경에 대한 친숙도 확인

문제 파악 단계가 끝나면 그 문제에 적합한 성경 이야기를 선정해야 합니다. 먼저 상담자는 내담자가 성경에 대해서 어떻게 생각하고 있는지를 확인해야 합니다.

"당신의 문제를 성경 이야기로 풀어보고자 합니다. 당신은 성경을 읽은 적이 있습니까?"

만약 내담자가 성경에 대해서 부정적인 관점을 가지고 있다면 그 문제부터 먼저 다루어야 합니다. 이런 문제가 없다면 상담자는 다음과 같은 질문들을 할 수 있습니다.

📖 성경에 익숙한 내담자

상담자는 내담자가 직접 자신의 문제와 관련된 성경 이야기를 선정하도록 합니다. 상담자는 내담자에게 성경은 세 가지 형식의 문학 작품으로 구성되어 있음을 먼저 설명해주는 것이 효과적입니다. 성경은 크게 이야기, 시, 편지 등으로 구성되어 있습니다. 이때 상담자는 내담자에게 성경의 문학 형식 가운데 이야기를 중심으로 된 것을 선정하도록 도와주어야 합니다.

> "당신의 문제와 관련하여 생각나는 성경 이야기가 있습니까? 혹시 있다면 어떤 이야기입니까?"

📖 성경에 익숙하지 않은 내담자

상담자가 내담자와 합의하에 내담자의 주 호소 문제와 관련이 있는 성경 이야기를 선정합니다.

📖 주제별 성경 이야기 자료

● 가정 문제

자녀의 불효	삼상 2:12-25, 눅 15:11-32, 삼하 15:1-12
자녀의 불신앙	왕하 21:1-18, 눅 16:27-31
자녀의 죽음	삼하 12:15-25, 눅 7:11-17
자녀의 병	왕상 17:18-24, 요 4:46-54, 막 5:21-24, 35-43
자녀의 귀신들림	마 15:21-28
형제간의 갈등	창 37장
아버지와의 반목	삼하 17:24-18:33
부모의 아동학대	왕하 6:28-29
부모의 편애	창 27:1-45, 창 37장

● 질병 문제

중병	왕하 20:1-11, 요 5:1-9, 왕상 17:17-24, 막 5:25-34
중풍	막 2:1-12
불임	삼상 1:11-20, 창 18-21장
귀신들림	막 5:1-20
장애	마 9:27-31, 막 10:46-52, 요 9:1-41

● 신앙 문제

믿음 약함	마 14:22-33, 눅 7:36-50, 눅 23:39-43, 눅 24:13-35
종교적 교만	눅 18:9-14, 단 4:1-37
헌신하다 시험 듦	욥 1:1-22, 요 21:1-19, 왕상 19:1-18

헌금문제	막 12:41-44
원망과 불평	출 14:1-31
지도자와의 갈등	행 15:36-41, 막 8:27-38
불신문제	요 20:24-29
사역의 장애	행 16:16-40, 19:23-41
불신 환경 문제	창 6:5-22, 39:1-23, 단 1:8-16, 창 11:10-12:9

● 신앙윤리 문제

술 취함	창 9:20-27
물질문제	눅 12:13-21, 15:11-32, 창 13:1-13
성적인 유혹	삿 16:4-22, 창 39:1-23
성폭행	창 34:1-34, 삼하 13:1-39
근친상간	삼하 13:1-39
미신	행 8:17-24, 13:6-12
간음	호 3:1-5, 요 8:1-11
용서	창 45:1-28
배은망덕	삼상 23:1-14, 눅 17:11-19, 막 12:1-12

● 일상의 문제

갑작스러운 시험	마 4:1-11, 막 4:35-41, 행 27:1-44
재난	출 14:1-31
범죄	눅 7:36-50, 눅 18:9-14
사업실패	창 27:1-28:22, 창 32:1-32, 눅 5:1-11, 요 21:1-14
소외	요 4:5-42

오해와 불운	창 39:1-23
군입대문제	삼상 17:31-40
큰 장해	수 6:1-21, 단 1:1-21, 에 4:1-17
방탕	눅 15:11-32
갈등과 경쟁	창 13:1-11, 마 20:20-28
죽음	요 11:1-44
노쇠	삼하 19:31-39, 창 47:7-12
교만	왕상 12:6-20, 대하 32:24-31
재혼	룻기

- 성격 문제

자존감	삼상 9:1-1-10:27, 요 4:1-42, 삼상 17:1-58
자살예방	왕상 10:1-18
무능감	출 3-4장
분노	창 4:1-15, 요나
조급함	출 2:11-25, 삿 11:29-40, 창 16장
불안	출 16:1-30, 창 28:10-22, 삼상 7:3-14
나약함	수 1:1-11, 삿 6:1-7:25
우유부단	창 12:10-20, 창 16:1-16
갈등	창 32장
대인공포증	막 5:24-34
슬픔	눅 24:13-35, 요 19:17-3

성경 이야기 선정 상담 사례

상담자 자매님! 자매님의 문제에 적합하거나 유사한 성경 이야기를 알고 있습니까? 있다면 그 이야기는 무엇입니까?

내담자 호세아서가 지금 마음에 가장 와 닿습니다.

상담자 호세아서는 예언서로서 이야기가 적은데 어떤 부분이 가장 끌리세요?

내담자 호세아 선지자가 가장 끌립니다. 호세아 선지자는 하나님의 명령으로 창기인 고멜을 아내로 맞이하잖아요. 그리고 고멜이 몇 번이나 집을 나갔는데도 호세아는 다시 그 아내를 찾아서 집으로 데려오잖아요. 어떻게 그렇게 할 수 있었는지? 특히 호세아가 창기인 고멜을 아내로 맞이하는 장면이에요. 이 이야기가 가장 가슴에 와 닿아요.

    상담자는 내담자에게 자신의 문제와 유사한 성경 이야기를 선정하도록 질문하여 내담자 스스로 성경을 선정할 수 있도록 도와줍니다. 상담자가 내담자에게 이런 질문을 하면 내담자는 현재 자신에게 가장 끌리는 이야기를 찾게 됩니다. 이때 상담자의 자세는 '나는 알지 못한다'의 자세입니다. 이 내담자는 현재 기독교인으로서 성경 이야기에 익숙한 사람입니다. 그래서 내담자에게 성경 이야기를 선정하는 질문을 하였을 때 구약성경 중에 소선지서 '호세아'를 선정하였습니다.

    호세아서는 예언서로서 서사적 성격이 약하지만 내담자는 그 예언서 속의 인물들과 사건 때문에 이 예언서를 택하였습니다. 이런 경우 이 예언서의 서사적 요소들은 예언서의 전체 메시지와 긴밀한 관계 속에서 해석해야 합니다.

상담자   네, 호세아의 창기인 아내를 계속 찾아오는 그 모습이 가슴에 와 닿
        는가 보네요? 그러면 호세아 선지자의 그러한 모습을 보면서 무엇
        을 발견할 수 있나요?

내담자   호세아의 아내를 향한 사랑이에요. 저라면 그렇게 못하겠어요. 어
        떻게 그렇게 할 수 있어요. 그런데도 호세아는 아내를 찾아오고 있
        잖아요. 그것은 바로 사랑이에요.

상담자   다음 상담 시간까지 호세아서를 전체적으로 읽어 오세요.

이 상담 사례에서 남편의 외도로 인해 10년 동안 별거 중인 내담자의 문제를 어떻게 파악하는가를 보았습니다. 또한 파악한 내담자의 문제와 가장 적절한 성경 이야기를 선정하는 것도 보았습니다. 성경 이야기 선정 단계에서 내담자 스스로 자신의 문제와 관련이 되는 성경 이야기를 선정하였습니다. 이러한 경우 상담의 효과가 더 크다는 것입니다. 상담자가 내담자의 문제와 적합한 이야기를 선택해주는 것보다 오히려 내담자 스스로 자기 문제와 적합한 성경 이야기를 선택하는 것이 전체적으로 보면 상담 효과가 큽니다.

성경 이야기 선정 단계에서 내담자는 자신이 현재 겪고 있는 문제를 호세아서와 관련시켰기 때문에 호세아서를 읽도록 하였습니다. 이것이 성경 이야기의 선정 단계입니다. 성경 이야기를 선정하는 상담을 마무리 할 때, 상담자는 내담자에게 선정한 호세아서를 읽어 오도록 과제를 내어주었고, 호세아서에 좀 더 익숙해지도록 했습니다. 이것이 성경 이야기 선정 단계입니다.

성경 이야기 선정 – 자가 상담 사례

그 옷을 입기까지

늦은 나이에 신학을 한 남편은 인적·물적 자원이 없는 가운데 개척을 했습니다. 처음에는 두 사람이 예배를 드려도 기뻤고 감격했지만 시간이 지나면서 빨리 성도가 늘어나지 않아 새벽이나, 수요예배, 금요예배를 두세 사람이 드리는 횟수가 늘어나면서 예배에 지쳐가는 것을 느꼈습니다. 서로의 무능에 대해 실망하고, 하나님의 뜻을 의심하고, 나아가 조그만 일에도 서로 화를 내고 다투게 되었습니다. 하나님의 뜻이 이런 것이 아닌 줄 알면서도 이 시간이 고통스럽고, 이 과정에서 남편은 아내에게 자신을 존경하지 않는다고 불평하고 아내는 남편을 높이고 순종하기가 힘들어 아예 말수가 줄어들고, 책만 읽으며 현실을 도피하고 있었습니다.

성경 이야기 상담 시간에 소그룹으로 사모들만이 모였을 때 나는 무엇이 문제인지 알 수 없을 정도로 혼란 속에 살고 있었습니다. 그러나 먼저 개척을 경험한 사모들의 이야기를 들으며 나의 문제를 발견하게 되었습니다.

나는 창세기 37~41장 말씀이 현재 내 문제와 가장 유사하게 느껴졌습니다. 본문 말씀을 서사적으로 읽으면서 마음이 끌린 이야기는 요셉이 보디발의 집에 종으로 팔려와 살고 있는 장면입니다. 매일같이 보디발의 아내의 유혹을 받는 요셉에게 마음이 끌렸습니다. 두세 사람이 드리는 예배가 1~2년을 넘길 때 남편이 무책임해 보이고, 때로는 안타깝고, 또 내가 감당해야 할 사역들이 스트레스가 되어 남편이 미워지고 존중과 존경심을 잃게 되어 퉁명스러워지고 다투게 되었습니다. 가끔 나는 이 부르심에서 돌아가면 안 되나 하는 유혹 또는 농촌이나 한가한 지역으로 들어가 조용히 여생을 보내면 되지 않을까 하는 갈등이 생기기도 했습니다. 이로 인하여 기도와 말씀 생활에 몰입이 안 되고 오히려 일반 책들을 보며 그곳에서 현실을 잊고 지적 만족을 추구했습니다. 그래서 항상 마귀는 시험하며 넘어지게 했습니다.

보디발 아내의 유혹은 치명적인 것입니다. 그러나 요셉은 하나님을 생각하며 죄를 짓지 않고 피합니다. 비록 감옥을 갈지언정 죄와 타협하지 않는 모습에서 철저히 무장된 경건한 요셉을 봅니다. 나 자신도 이러한 혼란 속에서 유혹과 침체를 이기기 위해 말씀과 기도로 경건해져야겠습니다. 더 나아가 능력 있는 사역자가 되어 남편을 적극 돕는 배필이 되어야겠다고 느낍니다.

하나님은 어느 주일 날 목사님의 설교를 통해 알게 하셨습니다. "출애굽기 16장에서 출애굽 한 백성들이 모세를 원망하며 노예로 살았을 때 잘 먹고 잘 살았다고 회상합니다. 고기 가마 곁에 앉아 떡을 배불리 먹었다고 회상합니다. 그 회상은 아름다운 것이라지만 고달픈 노예 생활을 그리워 한다는 것은 현실이 고달프다는 이야기입니다. 하나님께서는 이스라엘 백성들을 젖과 꿀이 흐르는 가나안 땅으로 인도하기 위해서 포로 생활하는 애굽에서 불러내셨건만 그들은 약속의 땅으로 가는 그 과정을 못 견뎌 모세를 원망하니 그것은 하나님을 원망함이라."는 말씀이 가슴에 와 닿았습니다. 이 말씀을 들으면서 내가 남편을 원망하는 것은 곧 하나님을 원망하는 것임을 깨닫게 되었습니다.

요셉은 아버지 집에서 채색 옷을 입었습니다. 그러나 그는 보디발의 집에 종으로 팔려가 노예의 옷을 입어야 했습니다. 그는 종의 옷마저도 보디발의 아내 유혹 때문에 벗기고 억울한 죄수의 옷으로 갈아입어야 했습니다. 그러나 때가 되어 하나님은 그를 높여 죄수복을 벗기시고 애굽의 총리가 되게 하시어 영광스런 세마포 옷을 입히셨습니다.

목회를 하기 전 우리 집은 아둘람 굴이었습니다. 우리 집은 억울한 자, 빚진 자, 쫓기는 자, 상하고 아픈 자들로 집에 사람이 끊이질 않았습니다. 남편은 그들의 하소연을 들어주고 나는 열심히 밥을 해서 대접했습니다. 때로는 그들 가운데 회복되는 자도 있었고, 위기를 면하는 자도 있어 보람도 있었습니다. 그러나 남편은 날이 갈수록 사업보다는 목회 쪽으로 하나님이 몰아가시는 기운을 느꼈습니다. 우리는 자연스럽게 받아들였고, 기쁨과 감사함으로 우리가 가진 모든 것을 정리했습니다. 그때 우리는 안목의 정욕, 육신의 정욕, 이생의 자랑을 다 버리기로 했습니다.

첫 사역지에서 행복한 만남, 2명의 중·고등부를 맡아 우리는 열심히 정열을 불태웠습니다. 우리는 전도하고, 기도하고, 매주 간식을 해먹이며 상처받고 찢긴 그 영혼들을 끌어안고 울기도 많이 했습니다. 그들이 한 30여 명이 되면서는 헤어져야 했습니다. 처음 그곳을 나올 때 이별의 설움은 세상이 끝난 줄 알았습니다. 그러나 사역지를 옮기면서 이별도 만남도 익숙해져 갔습니다. 성도들이 말씀에 은혜받고, 변화되는 모습은 사역자의 더없는 기쁨이오, 보람이었습니다.

성경 이야기 상담을 통해 나의 문제를 발견했습니다. 신기한 것은 성령께서 매일매일 하나님의 말씀을 통해 문제의 답을 주셔서 감사하게 되었습니다. 성령의 조명하심과 도우심은 주일 설교나 방송 설교나 때로는 일반적인 대화 가운데, 심지어 책을 읽는 가운데에서도 왔습니다. 성령의 인도하심이 피부로 와 닿았습니다. 성경 이야기 상담이 진행되는 가운데 남편을 이해하고 존경하며 새롭게 관계를 형성했습니다. 또 하나님이 동역자를 붙여주셔서 몇 교회가 연합하여 전도하며 새 힘을 얻어 심기일전 사역에 임하고 있습니다. 나는 지금 침체에서 회복되어 열심히 기쁘게 사역하고 있습니다.

3단계 :

04

서사적 읽기

1단계	2단계	3단계	4단계	5단계	6단계	7단계	8단계
문제 파악	성경 이야기 선정	서사적 읽기	인력 탐구	조명 자료 발견	조명 자료 강화	재저작	지지적 신앙 소그룹 형성

상담자는 성경 이야기를 선정한 후 내담자에게 성경을 서사적으로 읽는 방법에 대해 구체적으로 설명을 해주어야 합니다. 아래에서는 성경을 서사적으로 읽는 방법들에 대해 자세히 설명하겠습니다.

서사적 읽기 개념

성경 이야기 상담의 세 번째 단계는 선정된 성경 이야기를 서사적으로 읽는 것입니다. 많은 사람들이 서사적으로 읽는다는 말을 어렵게 생각합니다. 이 말을 좀 더 쉽게 풀이하면 성경 이야기를 이야기체로 읽는 것입니다. 일반적으로 사람들은 성경을 읽으면서 메시지를 찾으려고 하고 교훈과 교리 그리고 신학적인 사상 등을 찾고자 노력합니다.

서사적 읽기란 성경 이야기 속에서 어떤 메시지, 교리, 교훈, 신학 사상을 찾기 이전에 먼저 성경을 이야기로서 읽는 것입니다. 성경의 많은 부분은 이야기체로 기술되어 있기 때문에 성경을 이야기로 읽는 것이 성경 저자의 의도에 따른 읽기입니다.

성경이 기록된 고대 사회에서는 청중이나 교인들 대다수는 글을 읽지 못했습니다. 그들의 90~95%의 사람들이 문맹 상태였습니다. 그렇기 때문에 그 시대 사람들에게 성경을 이해하도록 하기 위해서는 성경을 이야기로서 읽어줘야 했습니다. 성경 이야기를 듣는 청중들은 성경을 이야기로서 듣는 훈련이 잘되어 있다고 볼 수 있습니다.

성경이 이야기체로 기록된 것도 저자가 글을 모르는 청중들에게 성경의 진리를 이야기로 쉽게 이해할 수 있도록 하기 위한 것입니다. 그렇기 때문에 성경 이야기를 가장 잘 이해하기 위해서는 저자가 의도했던 대로, 먼저 성경 이야기를 이야기체로 읽는 훈련이 필요한 것입니다. 이것이 서사적 읽기입니다.

서사적 읽기 방법

성경 이야기는 크게 세 가지 구조로 이루어져 있습니다. 거대 서사에 해당하는 신·구약 전체 이야기가 있고, 그 중간층에는 전체 이야기와 관련이 있는 긴 이야기인 대서사가 있습니다. 이 대서사의 대표적인 이야기로 예수 이야기가 있습니다. 예수의 이야기 속에는 그 하층이 되는 짧은 이야기들이 있습니다. 그 이야기들에는 제자들의 이야기, 병자들의 이야기, 베드로 이야기, 마리아 이야기 등이 있습니다. 이렇게 성경의 이야기들은 상호 수직적인 관련성을 갖고 있습니다.

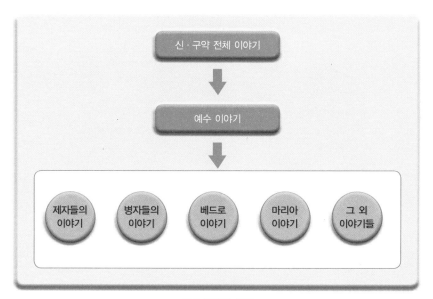

성경 이야기 구조

　'서사적 읽기를 어떻게 하는가?' 이러한 질문이 생길 것입니다. '어떻게 성경 이야기 본문을 이야기체로 읽을 수 있는가?' 하는 기술적인 문제가 있습니다. 성경 이야기를 서사적으로 읽는 몇 가지 방법을 알려드리도록 하겠습니다. 서사적 읽기에는 3단계가 있습니다. 1단계는 성경 이야기를 하나의 흐름으로 읽는 것입니다. 2단계는 성경 이야기를 이야기의 구성 요소별로 읽는 것입니다. 3단계는 이야기의 틈(gap)을 메우면서 읽는 것입니다. 이것을 그림으로 나타내면 다음과 같습니다.

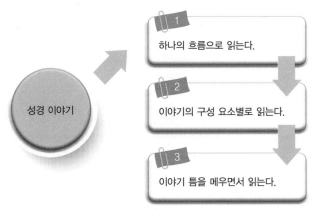

서사적 읽기 단계

 1단계 : 하나의 흐름으로 읽습니다.

성경 이야기를 하나의 흐름으로 읽는다는 것은 성경을 전체 맥락으로 읽는 것을 의미합니다. 즉 성경을 장·절 구분 없이 처음부터 끝까지 읽는 것을 의미합니다. 따라서 성경을 서사적으로 읽기 위해 탈피해야 하는 것은 성경을 장과 절로 구분해 읽는 습관입니다. 대부분의 기독교인들은 성경을 장과 절을 구분하여 읽는 것이 습관화되어 있습니다. 그러나 성경을 기록할 당시 성경에는 장과 절의 구분이 없었습니다. 성경을 장과 절로 구분한 것은 11~12세기의 일입니다. 성경의 저자들은 장·절 구분 없이 성경을 처음부터 끝까지 계속해서 이야기체로 기록을 했다는 것입니다. 그러므로 성경을 서사적으로 읽기 위해서는 우선 성경에 나와 있는 장·절을 의식하지 않고, 성경을 처음부터 끝까지 하나의 전체적인 흐름을 따라서 읽는 훈련을 해야 하는 것입니다.

 2단계 : 이야기의 구성 요소별로 읽습니다.

이야기에는 네 가지 구성 요소가 있습니다. 이야기의 구성 요소는 등장인물, 사건, 배경, 플롯입니다. 이 네 가지 구성 요소가 있어야 이야기가 되는 것입니다. 그래서 성경 이야기를 읽을 때도 이 네 가지 구성 요소를 염두에 두고 읽어야 합니다. 성경 이야기를 읽을 때 이야기의 구성 요소를 구체적으로 파악하면서 읽는 훈련이 필요합니다. 그러면 성경 이야기를 구체적으로 읽는 방법은 무엇일까요?

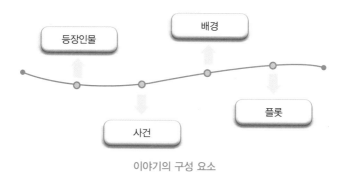

이야기의 구성 요소

● 등장인물 중심으로 읽습니다.

성경 이야기에는 여러 인물들이 등장합니다. 상담자는 성경 이야기의 등장인물들 중 '누가 주된 인물인가? 누가 보조적인 인물인가?'를 내담자에게 파악하게 하는 것입니다. 그다음에는 그 인물을 보면서 '어떤 성격의 인물일까?' 하는 것을 파악해보는 것입니다. '성경에 등장하는 인물이 어떤 말을 하는가? 어떤 행동을 하는가? 그 인물은 어떤 생각을 하는가? 그 인물이 어떤 정서를 가지고 있는가? 그 인물은 어떤 삶의 가치를 가지고 있는가?'라는 질문을 하면서 그 인물의 성격을 파악하는 것입니다.

등장인물에 대해서 이러한 것들을 파악하면 그 인물이 누구인가 하는 것을 머릿속으로 그릴 수가 있게 됩니다. 이렇게 함으로써 그 인물이 했던 말과 행동과 생각 그리고 느낌과 가치관 등을 살펴볼 수 있게 됩니다. 그리고 그 인물이 '어떤 신체적인 조건을 가지고 있는가?'를 파악해보는 것도 도움이 됩니다. 이렇게 묘사함으로써 그 인물은 좀 더 우리에게 가깝게 다가올 수 있고, 공감과 감정이입이 될 수 있는 것입니다.

● **사건 중심으로 읽습니다.**

이벤트라고 하는 사건도 이야기 속에서 보면 주된 사건이 있고, 보조적인 사건이 있습니다. 주로 주된 사건을 중심으로 해서 그 사건을 파악해보는 것입니다. 그리고 주된 사건에 얽힌 보조적인 사건은 무엇인가를 파악해보는 것이 필요합니다. 이 보조적인 사건과 주된 사건이 무엇인가를 파악하고 나면 그다음으로 '이 사건이 어떤 원인으로 발생하였는가?', 즉 사건의 인과관계를 파악하는 것입니다. 그다음에 이 사건으로 인해 '어떤 갈등이 생기는가? 누구와 누구 간에 갈등이 생기는가?'를 파악합니다.

인과관계 속에서 발생하는 사건의 중요한 요소 중에 하나가 갈등이라는 요소입니다. 갈등은 일정한 구조를 갖고 있습니다. 갈등이 발생하여 점점 심화되면서 절정에 다다르고, 그다음 절정에서 점차적으로 갈등이 해소되면서 종결이 되는 이러한 구조를 가지고 있습니다.

● **배경 중심으로 읽습니다.**

이야기에서 배경이 중요한 것은, 그것이 앞에 나오는 사건이나 등장인물과 불가분의 관계에 있기 때문입니다. 이렇게 이야기의 구성 요소가 서로 불가분의 관계에 있기 때문에 등장인물과 사건 그리고 배경의 관계를 중심으로 이야기를 잘 파악하는 것이 중요합니다.

배경은 시간적, 공간적, 사회적, 정치적, 종교적 배경 등을 의미합니다. 이야기의 배경은 시대적으로 어느 시대인가? 공간적으로 어디에서 발생했는가? 하는 것을 밝히는 것입니다. 특히 성경에서는 정치적이고 종교적인 배경이 매우 중요합니다. '그 시대의 율법이나 종교적인 관습이 무엇인가?'를 파악하는 것이 중요합니다.

● 플롯 중심으로 읽습니다.

마지막으로 플롯에 대해서 알아보겠습니다. 이야기의 저자는 이야기 안에 등장하는 인물과 사건 그리고 배경을 통해서 어떤 메시지를 전달하고자 합니다. 저자가 어떤 관점을 제시하느냐에 따라 이야기의 중요한 부분이 결정됩니다. 저자가 전체 이야기를 통해서 무엇을 말하고자 하는가? 독자들에게 들려주고자 하는 메시지는 무엇인가? 저자는 어떤 관점으로 이야기에 등장하는 인물과 사건 그리고 배경을 바라보고 있는가? 하는 것들은 이야기에서 굉장히 중요한 것들입니다. 이 단계에서 독자들은 성경적이면서 신학적인 메시지를 찾을 수 있습니다. 사실 저자가 이야기 속에 인물을 등장시키고, 사건을 설정하고, 배경을 만드는 궁극적인 목표가 메시지나 관점을 전달하려고 하는 것입니다.

내담자에게 이야기의 네 가지 구성 요소를 파악하게 함으로써 성경 이야기의 전체적인 흐름과 이야기의 구성 그리고 저자가 이야기를 통해 전달하고자 하는 메시지를 객관적으로 파악하게 하는 것이 '서사적 읽기'입니다.

🔖 3단계 : 이야기의 틈을 메우면서 읽습니다.

우리가 문학 작품을 읽다 보면 문장과 문장 사이, 장면과 장면 사이에 자연스럽게 연결되지 않는 부분이 있습니다. 이것을 이야기의 틈(gap)이라고 합니다. 이 틈은 독자가 상상력을 가지고 메워가며 읽어야 합니다.

우리가 성경 이야기를 읽을 때에 단락별로 끊어질 때가 있습니다. 이 틈은 이야기를 읽는 독자들이 메우기를 해야 합니다. 틈메우기를 할 때는 성경의 외부와 내부의 지식과 상상력을 가지고 그 틈을 메워야 합니다.

이 단계에서의 상상은 성경 이야기 세계 속에서의 상상이며, 성경 이야기 세계를 벗어나지 말아야 합니다. 성경 이야기도 성경의 본문이기 때문에 서사적 읽기 단계에서는 성경 본문에 충실하게 읽어야 합니다. 서사적 읽기의 위험은 성경을 주관적으로 읽을 수 있다는 것이며, 이렇게 될 때 성경 본문을 왜곡할 수가 있다는 것입니다.

우리는 서사적 읽기를 쉽게 설명하기 위해서 이러한 비유를 사용합니다. 우리가 상담을 하면 보통 내담자들은 자신의 문제에 갇혀 있는 것을 보게 됩니다. 이러한 내담자에게 자신의 문제로부터 벗어나게 하는 방법은 이 세상이 아닌 새로운 세계로 인도하는 것입니다. 즉 실존의 문제 때문에 힘들어하는 내담자를 성경 세계로 안내하는 것입니다.

성경의 세계는 바로 그 사람이 가지고 있는 문제의 근원을 이야기해줍니다. 그러므로 내담자를 성경 이야기 세계로 초대하는 것은 결국 이 세상 속에서는 그 답을 찾을 수 없는 내담자를 새로운 세계로 안내하는 것입니다. 즉 세상의 조건과 환경 그리고 구조 속에서는 도저히 답을 찾지 못하는 내담자를 성경 이야기 속으로 초대함으로써 그 세계 속에서 자신을 새롭게 발견하고 새로운 가능성을 찾게 되고 해답을 찾을 수 있다는 것입니다.

성경 안에서 성경 이야기 읽기

　내담자를 성경 이야기 속으로 초대하는 단계가 바로 서사적 읽기입니다. 이 서사적 읽기를 효과적으로 잘하게 되면 내담자는 자기 문제에서 벗어나 새로운 세계를 경험하게 되면서 새로운 가능성을 찾게 됩니다. 이와 같이 서사적 읽기는 내담자에게 삶의 희망을 찾게 하는 것이라고 할 수 있습니다. 서사적 읽기는 내담자로 하여금 성경 이야기 속에서 인물들을 만나고, 사건을 체험하고, 배경에 끌리고, 그리고 메시지를 익히게 되는 이러한 단계입니다.

　마지막으로 서사적 읽기에도 성령의 도우심이 필요합니다. 성경 이야기 저자는 성령의 감동으로 성경 이야기를 기록하였기 때문에 독자도 성령의 도움이 있어야 그 이야기를 저자의 의도대로 읽을 수 있습니다. 성령의 감동이란, 에스겔 선지자의 말씀처럼, 새 영으로 마음이 부드러워지는 것입니다. "또 새 영을 너희 속에 두고 새 마음을 너희에게 주되 너희 육신에서 굳은 마음을 제거하고 부드러운 마음을 줄 것이며"(겔 36:26).

서사적 읽기 질문

성경 이야기 세계로 들어가기 위해서는 먼저 성경 이야기를 하나의 이야기 흐름으로 읽어나갈 수 있어야 합니다. 이것을 위해서, 상담자는 내담자가 선정한 성경 이야기의 전후 관계를 연결해서 읽어나가도록 도와주어야 합니다. 이러한 과정은 상담 시간 중에 할 수 있고 또한 내담자에게 과제로 내어 읽어 오도록 할 수도 있습니다.

내담자가 성경을 전체 흐름으로 읽고 난 후, 상담자는 내담자에게 그 이야기의 구성 요소별로 질문을 합니다. 즉 상담자는 등장인물, 사건, 배경, 플롯의 이야기 구성 요소별로 질문을 해줌으로써 내담자가 이야기를 보다 생동감 있게 읽게 해줍니다. 이때 상담자의 질문은 구체적이면서 명확해야 합니다.

상담자는 내담자가 성경 이야기 세계로 들어가도록 안내

성경 이야기를 전체 맥락 가운데 읽도록 안내합니다.

상담자는 내담자가 선정한 성경 이야기를 하나의 흐름으로 읽도록 안내해야 합니다. 내담자가 선정한 성경 이야기가 단편적인 이야기일 경우 그 이야기가 속해 있는 성경 각 권의 이야기 흐름으로 읽도록 안내해야 합니다.

● 이야기를 하나의 흐름으로 읽도록 질문합니다.

"선정한 성경 이야기를 하나의 흐름으로 읽을 수 있습니까?"

상담자와 내담자는 성경 이야기를 상담하는 그 시간에 읽을 수도 있고, 아니면 다음 상담시간까지 읽어 오도록 숙제를 낼 수도 있습니다. 성경 이야기가 길 경우 내담자가 과제로 읽어 오도록 하는 것이 좋습니다. 이러한 것은 상담자가 상담하면서 내담자에게 가장 적절한 방법을 선택하면 됩니다.

● 이야기를 하나의 흐름으로 이야기하도록 질문합니다.

선정한 이야기를 읽고 난 후 하나의 시나리오로 이야기하도록 합니다. 내담자는 선정한 성경 이야기를 전체적으로 이야기함으로 그 이야기의 전반적인 흐름을 이해할 수 있습니다. 이러한 과정을 통해 내담자는 그 성경 이야기 세계 속으로 들어갈 수 있게 됩니다. 성경 이야기가 긴 경우 전체적 흐름을 중심으로 줄여서 이야기하도록 합니다. 내담자가 혼자서 다 하기 어려워할 때 상담자가 이야기를 이어가도록 도와주어야 합니다.

"그 이야기를 들려줄 수 있습니까?"

📖 **성경 이야기를 이야기의 구성 요소별로 읽도록 안내합니다.**

상담자는 다음과 같이 이야기의 구성 요소별로 질문함으로써 내담자가 성경 이야기를 보다 생동감 있게 읽도록 도와줍니다. 그리고 내담자가 성경 이야기 세계를 객관적으로 탐구할 수 있도록 도와줍니다.

아래의 질문들에 대한 내담자의 대답에 상담자는 공감적 경청과 내용 확인으로 반응합니다. 이렇게 상담자가 내담자의 이야기에 반응을 하면서 경청을 하면 내담자는 성경 이야기를 더욱더 명료화할 수 있고, 더 많은 탐색을 할 수 있게 됩니다.

● **등장인물에 대해 질문합니다.**

등장인물 파악

"이 이야기에 등장하는 인물들은 누구입니까?"

"이 이야기에서 주된 인물은 누구이며, 보조적인 인물은 누구입니까?"

· 주된 인물은 누구입니까?

....

....

· 보조적인 인물은 누구입니까?

....

....

....

등장인물을 파악할 때는 주된 인물을 중심으로 하면 됩니다.

주된 등장인물의 신체적 특징

성경에 등장인물에 대한 신체적 특징에 대한 묘사가 있을 경우에만 이 질문
을 합니다. 등장인물의 신체적 특징에 대한 묘사가 없을 경우에는 굳이 질문
을 하지 않아도 됩니다.

성경에는 일반적으로 신체적 특징에 대한 묘사가 드뭅니다. 그래서 만약
성경에서 등장인물의 신체적 특징을 묘사하고 있다면 그것은 매우 중요한
것으로 주의를 요합니다.

"주된 등장인물의 외모나 신체적 특징은 무엇입니까?"(얼굴 생김새, 키,
체중 등)

....

....

....

주된 등장인물의 성격

"주된 등장인물의 성격은 어떻습니까?"

등장인물의 성격을 좀 더 상세하게 묘사할 수 있도록 다음과 같은 질문을
합니다.

"주된 등장인물의 말투는 어떻습니까?"

"주된 등장인물의 행동은 어떻습니까?"

"주된 등장인물은 어떤 생각을 하고 있는 것 같습니까?"

"주된 등장인물의 정서(감정)는 어떻습니까?"

"주된 등장인물의 신념이나 가치관은 무엇인 것 같습니까?"

주된 등장인물의 관계 맺음

"주된 등장인물과 다른 사람들과의 관계는 어떻습니까?"

"주된 등장인물과 하나님과의 관계는 어떻습니까?"

● **사건에 대해 질문합니다.**

사건 파악

"이 이야기에서 어떤 사건이 일어나고 있습니까?"

"이 이야기에서 주된 사건은 무엇이며, 부수적인 사건들은 무엇입니까?"

· 주된 사건은?

· 부수적인 사건은?

사건의 진행 상황

주된 사건을 중심으로 사건의 진행 상황을 알 수 있도록 질문합니다.

"이 사건이 발생하게 된 원인은 무엇입니까?"

"주된 갈등 상황은 무엇이며, 어떻게 진행되고 있습니까?"

"이 사건에서 갈등의 시작은 무엇입니까?"

"이 사건에서 갈등의 절정은 언제입니까?"

"이 갈등이 어떻게 해결되어가기 시작합니까?"

이 질문에서는 주된 갈등이 해결되는 시점 또는 사건을 찾으면 됩니다. 그리고 그 사건이 어떻게 해결되어가는지 찾아보면 됩니다.

"이 갈등은 어떤 사건으로 인해 궁극적으로 해결됩니까?"

"전체 이야기에서 이 주된 사건은 다른 사건들에 어떤 영향을 주고 있습니까?"

....

....

● 배경에 대해 질문합니다.

배경은 사건이 언제, 어디서, 어떻게 일어나는지를 말해줍니다. 시간적 배경은 이야기가 펼쳐지고 있는 시간적 배경을 의미합니다. 즉 이야기 속에 나타나는 시간을 의미합니다. 장소적 배경은 이야기가 전개되고 있는 공간을 의미합니다. 사회적 배경은 이야기의 정치, 경제, 사회, 문화, 종교적 배경을 의미합니다.

배경 파악

시간적 배경

"이 이야기는 언제 일어났습니까?"

시간적 배경은 이야기 속에 있는 시간을 찾으면 됩니다. 예를 들면 출애굽기 13장 40~42절을 예로 들어봅니다. "이스라엘 자손이 애굽에 거주한 지 사백삼십 년이라. 사백삼십 년이 끝나는 그날에 여호와의 군대가 다 애굽 땅에서 나왔은즉. 이 밤은 그들을 애굽 땅에서 인도하여 내심으로 말미암아 여호와 앞에 지킬 것이니 이는 여호와의 밤이라 이스라엘 자손이 다 대대로 지킬 것이니라." 따라서 이 이야기의 시간적 배경은 '사백삼십 년이 끝나는 그날에'와 '이 밤은'이 됩니다.

장소적 배경

"이 이야기가 전개되고 있는 장소는 어디입니까?"

이야기가 전개되고 있는 장소적 또는 공간적 배경을 찾으면 됩니다.

사회적 배경

"이 이야기의 시대적 배경은 무엇입니까?"

배경이 등장인물과 사건에 미치는 영향

"이러한 배경이 등장인물들과 사건들에 어떤 영향을 미칩니까?"

여기서의 배경은 이야기의 시간적, 장소적, 사회적 배경을 의미합니다.

● **플롯에 대해 질문합니다.**

"저자가 들려주고자 하는 메시지는 무엇입니까? 그 메시지는 어떻게 표현되
어 있습니까?"

. . . .

. . . .

서사적 읽기 상담 사례

내담자 '자매'의 상담 사례를 통해 '자매'가 성경 이야기 속으로 들어가는 것을 살펴보도록 하겠습니다.

상담자   반갑습니다. 한 주 어떻게 지내셨어요?

내담자   잘 지냈어요.

상담자   지난주 상담을 마치고 가셨는데 상담에 대해서 한번 생각해보셨는지요? 상담 내용에 대해서 생각해보셨나요?

내담자   네. 처음에는 걱정이 많았는데 생각보다 좀 편안해서 좋았고요. 지난 시간에 호세아서를 제게 읽어 오라고 하셔서 집에 가서 호세아서를 처음부터 끝까지 읽어봤는데 제가 호세아서를 읽으면서 확실히 성경 이야기 선택을 잘했구나라는 생각을 했었어요. 읽으면서 호세아서가 마음에 와 닿았어요. 저의 문제를 다시 한 번 되짚을 수 있는 그런 시간을 가졌던 것 같아요.

상담자   네. 호세아서를 읽으시면서 자매님이 지난주 상담했던 것처럼 자매님이 현재 겪고 있는 문제, 즉 하나님의 약속 때문에 머리로는 남편을 용서하고 받아들여야 하지만, 아직 마음으로는 남편을 받아들일 수 없어서 힘들어하는 그 문제가 좀 더 명확하게 되고 분명하게 되는가 보네요?

내담자   네. 좀 많이 와 닿았던 것 같아요.

상담자　네. 그래요. 그럼 호세아서를 전체적으로 읽으셨는데 이 시간에는
　　　　자매님과 함께 성경 이야기 세계 속으로 같이 들어가기 원합니다.
　　　　우리가 드라마를 보면 드라마 속에 몰입해 들어가잖아요. 또 영화
　　　　를 봐도 우리가 영화 속에 몰입해 들어가는데 호세아서를 읽다 보면
　　　　등장인물도 있고, 사건도 있고, 배경도 있고, 또한 관점도 있습니다.
　　　　우리가 오늘 상담 시간에는 내가 호세아 시대에 있었던 사람들을 만
　　　　나고 또 호세아서에서 등장하는 인물들을 만남으로써 그 배경 안에
　　　　서 같이 경험하고 느끼는 그런 시간을 함께 가졌으면 합니다.

내담자　네.

　먼저, 상담자는 내담자에게 서사적 읽기에 대해 설명합니다. 상담자는
내담자에게 이야기의 구성 요소와 성경 이야기를 서사적으로 읽는 방법에
대해 설명을 합니다. 왜냐하면 내담자는 성경을 서사적으로 읽는 방법에
대해서 모르기 때문입니다. 이때 상담자는 내담자에게 상상력을 동원하여
성경 이야기를 읽을 수 있도록 설명합니다. 특히 이야기의 구성 요소인 등
장인물, 사건, 배경, 플롯 등을 상상하면서 호세아서를 읽는 과정을 통해
내담자는 자연스럽게 성경 이야기 세계 속으로 들어가게 됩니다. 이때 상
담자는 내담자에게 등장인물, 사건, 배경, 플롯 등 이야기의 구성 요소별
로 질문을 합니다. 상담자의 이러한 질문으로 내담자는 상상력을 통해 호
세아서에 등장하는 등장인물, 사건, 배경, 플롯을 만나게 됩니다.

　성경 이야기 세계로 들어가는 첫 번째 단계로서 내담자가 성경 이야기
를 하나의 이야기 흐름으로 읽어나갈 수 있도록 해야 합니다. 이것을 위해
서 상담자는 '자매'에게 지난 회기 상담에서 '자매'가 선정한 호세아 성경
이야기를 전후 관계를 연결해서 읽어 오도록 과제를 내었습니다. 이 단계

에서 상담자는 '자매'에게 서사적 읽기를 충분히 이해하고 과제물을 잘해 올 수 있도록 지도하였습니다. '자매'는 1주일 동안 호세아 이야기를 전후 문맥을 연결해서 읽어 왔습니다. 이번 상담을 통해서는 이야기의 구성 요소별로 질문을 함으로써 '자매'가 호세아 이야기를 생동감 있게 읽도록 하겠습니다. 이번 회기의 상담 사례에서는 '자매'가 호세아 성경 이야기를 어떻게 이야기의 구성 요소별로 서사적 읽기를 하는지를 보겠습니다. 서사적 읽기는 성경 본문을 성경으로서 읽는 것이기 때문에 상담자는 성경 본문에 대한 지식을 가지고 있어야 합니다.

상담자   호세아서를 전체적으로 읽으셨는데, 오늘 상담에서는 자매님께서 상상을 하시면서 호세아 이야기 세계 속으로 들어갔으면 합니다. 호세아서를 읽으셨을 때 호세아에 등장하는 인물들은 누가 있는 것 같아요?

내담자   일단 호세아 선지자가 있고요, 음 그리고 고멜, 그다음에 음…… 죄지은 이스라엘 백성들이 있었어요.

상담자   호세아 선지자와 고멜 그리고 이스라엘 백성들이 등장인물로 보여지는가 보네요?

내담자   네.

상담자   그럼 그 등장인물들 가운데 호세아 이야기의 주된 인물은 누구인 것 같아요?

내담자   호세아 선지자이고요, 그다음에 그 안에 있는 고멜이…….

상담자   음…… 호세아와 고멜.

내담자   네.

상담자   주변 인물이나 보조적인 인물은 누구인 것 같아요?

내담자   이스라엘 백성들이에요. 죄지은 이스라엘 백성들이에요.

상담자   음. 죄지은 이스라엘 백성들…….

내담자   네.

상담자   그래요. 그럼 자매님, 우리가 호세아 선지서 이야기 세계 속으로 들어가 보면, 호세아의 성격은 어떤 것 같아요?

내담자   뭔가 고집스럽기도 하면서 대범하고 우직해 보이기도 하고, 뭔가 듬직해 보이기도 하고 거침이 없어 보이기도 하고, 네. 그렇게 느껴졌어요.

상담자   네, 호세아의 성격이 좀 우직하고 대범하고 그렇게 느껴진 것 같네요?

내담자   네.

상담자   호세아 선지자의 어떤 부분이 자매님에게 우직하고 대범하게 보였나요?

내담자   음. 하나님의 명령이 말도 안 되는 명령이었잖아요? 창기인 아내를 맞이하라는 그런 명령에 그냥 말없이 순종하는 것을 보면 뭔가 대범해 보이고 거침이 없어 보이고…… 네…… 그런 행동들이 그렇게 보였던 것 같아요.

상담자   사실 창기를 아내로 맞이하는 것이 힘들잖아요. 근데 자매님 말처럼 하나님의 명령 때문에 창기를 아내로 맞이하는 그 호세아 모습을 볼 때 아! 호세아 선지자는 우직하고 대범한 사람이라고 느껴졌는가 보네요?

내담자   네, 정말 저는 호세아 선지자가 하나님의 명령으로 인해 창기인 고멜을 아내로 맞이하는 그 장면을 보면서 그분의 우직함을 느꼈어요.

상담자   자매님! 호세아 선지자를 생각해보면 호세아 선지자의 말투나 행동거지는 어떠했을 것 같아요?

내담자 　그냥. 음. 거침없이 고집스럽게 자기가 어떻게 해야겠다는 것들을 분명히 내비치면서 행동하는 그런 모습들이 있는 것 같아요.

상담자 　뭔가 좀 자신감 있어 보이고 행동하는 데 있어서도 주저함 없이 하는 모습들을 보면서 그의 말투도 조금 자신감이 넘치며 거침없이 말하는 그런 것으로 비쳐지나 보네요?

내담자 　네, 맞아요. 아마도 행동거지나 말투에도 거침없이 자신감 있게 하였을 것 같아요.

상담자 　그럼 자매님, 호세아 선지자의 심리적 상태는 어떠했을 것 같으세요?

내담자 　좀 많이 답답해했을 것 같고, 반면에 많이 외로워했을 것 같은 그런 생각이 들어요.

상담자 　답답하고 외로운 것 같다……. 그럼 호세아의 어떤 모습이 답답할 것 같아요? 뭐가 호세아를 답답하게 하고 외롭게 할 것 같아요?

내담자 　호세아는 그 시대의 수많은 사람들 중에 유일하게 하나님 명령을 듣는 사람이었어요. 그러나 이스라엘 백성들은 죄를 지으면서 살고 있고, 또 하나님께서 분명히 벌주시겠다고 그렇게 말씀하고 계시는 데도 그것을 깨닫지 못하고 있으니깐 이것을 바라보는 호세아 선지자는 많이 답답해했을 것 같아요. 또 호세아는 그런 가운데 하나님의 말씀과 명령을 혼자서 듣고, 그 명령에 따라 살아가야 하니깐 많이 외로워했을 것 같아요

상담자 　호세아 선지자의 심리 상태가 답답하다는 것은 이스라엘 백성들이 하나님의 말씀 따라 살지 않고 죄 가운데 살아가면서 하나님의 어떤 심판 앞에 있는데도 깨닫지 못하기 때문이군요. 자매님이 그러한 호세아 선지자를 바라볼 때, 답답함, 애통하는 심정, 그런 것이 느껴지시는 것 같군요? 또 고독하고 외롭다는 것은 자기 혼자만 하

나님 말씀을 알고 있고 군중 속에 있는 고독한 호세아 선지자의 심
리적 상태가 느껴지시는 것 같네요?

내담자 네.

상담자 자매님이 조금 전에 호세아 선지서의 주된 인물이 고멜이라고 하셨
는데, 자매님이 가만히 생각해보면 고멜의 성격은 어떤 것 같아요?

내담자 그녀는 정숙하지 못한 삶을 살았기 때문에 여러 가지 문제들이 많
았던 것 같아요. 뚜렷한 가치관도 없고…… 대인관계도 불안하
고…….

상담자 본문에 하나님께서 호세아에게 음란한 여자를 맞이하라고 하셨으
니 그녀의 인물이나 성격을 상상할 수 있겠어요?

내담자 네, 그녀는 호세아와 결혼해서 자녀를 세 명이나 두었는데 또 집을
나갔잖아요?

상담자 그래요, 그 시대는 물질이 풍부하고 성윤리가 무너진 상태를 그녀
의 모습에서 찾을 수 있겠죠.

　내담자 '자매'에게 서사적 읽기로서 먼저 등장인물에 대해 서사적 읽기를
할 수 있도록 질문하였습니다. 상담자가 '자매'에게 호세아서에 등장하는 인
물 중에 중심된 인물과 보조적 인물을 찾는 질문을 하였을 때, 내담자는 중심
된 인물로 호세아 선지자와 그의 아내 고멜을 이야기하였고, 보조적 인물로는
이스라엘 백성들을 찾았습니다. 그리고 중심된 인물과 보조적 인물들의 행동
이나 말투 그리고 가치관, 심리적 상태들을 찾아보도록 하였습니다. 이때 상
담자는 '자매'가 등장하는 인물에 대해 상상력을 동원하여 이야기할 때 성경
이야기 본문에 충실하도록 도와주어야 합니다. 다시 말하면, 상담자는 내담자
에게 호세아서를 성경 본문으로서 정확하게 읽도록 지도해주어야 합니다.

상담자 자매님. 호세아와 고멜을 살펴보았는데 호세아서의 주된 사건이 무엇인 것 같아요?

내담자 음…… 호세아 선지자가 하나님 명령에 순종하려고 고멜과 결혼한 그 사건이에요.

상담자 그러니깐 호세아 선지자가 창기인 고멜을 아내로 맞이하는 것이 주된 사건으로 비춰졌나 보네요?

내담자 네.

상담자 그럼 이 사건이 일어나게 된 원인은 무엇인 것 같아요? 호세아 선지자가 창기를 아내로 맞이하게 된 원인은 무엇인 것 같아요?

내담자 일단은 이스라엘이라는 나라가 쾌락 속에 빠져 있고 죄를 깨닫지 못하고 계속 이렇게 죄를 짓고 있으니깐 하나님께서 이스라엘 백성들에게 죄를 깨닫게 하시고자 호세아에게 명령을 내리신 것이 사건의 원인인 것 같아요.

상담자 그러니깐 하나님께서 호세아를 통해서 이스라엘 백성들이 죄를 깨닫게 하기 원하시는 그러한 하나님의 마음이 느껴지셨는가 보네요? 그래서 하나님이 호세아에게 명령하셔서 창기를 아내로 맞이하여 결혼하는 그 사건의 주된 원인은 이스라엘의 죄라고 생각되는군요?

내담자 네.

상담자 자매님. 우리가 삶을 살다 보면 갈등이 있잖아요. 호세아서도 읽어 보면 갈등이 있잖아요. 자매님 생각에 호세아서를 읽어보면서 주된 갈등 상황이 무엇인 것 같아요?

내담자 일단은 하나님께서 호세아 선지자에게 창기인 고멜을 아내로 맞이하라는 그 명령이 갈등의 시작이라고 생각되네요.

상담자 하나님의 명령 때문에 호세아 선지자가 창기인 고멜을 아내로 맞이하는 장면들이네요. 자매님의 생각에 갈등의 최고 정점이 무엇인 것 같아요?

내담자   고멜과 호세아의 갈등의 정점이라 (잠시 침묵) 음~~ 호세아 선지자는 하나님의 명령 때문에 아내를 맞이하기도 하지만 아내가 또 세 번이나 집을 나가게 되잖아요. 고멜이 세 자녀를 둔 후에 집을 나갔을 때. 제가 생각해도 이것은 말도 안 되는 상황이라고 생각이 되거든요. 그래서 아마도 고멜이 세 자녀를 둔 후에 집을 나갔을 때가 갈등의 최고 정점이 아닐까 생각해요.

상담자   그래요. 아내가 세 자녀를 둔 후에 집을 나갔을 때가 갈등의 최고 정점이라고 보시네요. 그러면 자매님, 이 갈등 상황이 어떻게 좀 해소되고 해결된 것 같아요?

내담자   호세아 선지자가 하나님의 명령에 순종해야 하니깐 어쩔 수 없이 고멜을 다시 데리러 가서 집으로 데리고 오고, 그렇게 문제를 해결해 가는 것 같아요.

상담자   자매님이 호세아의 성격을 우직하고 이런 성격이라고 했는데, 하나님 명령에 우직하게 순종해가는 모습이 갈등의 최고 정점을 해결하는 그런 모습으로 비치셨나 보네요?

내담자   네.

'자매'에게 사건에 대해 서사적 읽기를 하게 하였을 때 '자매'가 발견한 주된 사건은 호세아 선지자가 하나님 명령 때문에 고멜과 결혼한 사건입니다. 사건은 원인과 결과가 있는 갈등입니다. 중심된 인물인 호세아 선지자가 겪는 삶의 갈등의 원인은 하나님의 명령 때문에 창기인 고멜을 아내로 맞이하는 것입니다. 그리고 이 갈등의 최고 정점으로는 아내 고멜이 집을 세 번이나 나가는 사건입니다. 이 갈등이 해결되어가는 시점은 호세아가 하나님의 명령에 순종할 때입니다.

상담자 그럼 자매님, 호세아서를 읽어보면 배경이 있잖아요. 이야기에도 다 배경이 있듯이 공간적, 시간적, 사회문화적 배경이 있는데 호세아서의 장소적 배경은 무엇인 것 같아요? 어떤 사회적 배경인 것 같아요?

내담자 음. 배경 자체는 이스라엘 도시가 배경이 되고요.

상담자 네…… 그 도시의 사회적·문화적 배경은 어떤 것 같아요?

내담자 도시가 많이 화려한 도시인 것 같고, 쾌락과 어떤 환락이 화려하게 보이는 그런 도시로 보이는 것 같아요.

상담자 어떻게 그런 생각을 하게 되었어요?

내담자 창기인 고멜을 보면서, 또 죄를 많이 짓는 이스라엘 백성들이라고 나와 있었으니깐 그것을 보면 이스라엘이라는 도시가 그렇게 보여요.

상담자 사회적으로 여로보암 2세 치하에서 북 왕국의 최고 번성기에 이스라엘 백성 전체가 좀 음란하고 죄 가운데 있다는 그런 배경으로 느껴진 것 같네요?

내담자 네.

상담자 그럼 자매님, 이 배경이 등장인물이나 사건에게 어떤 영향을 주었을까요?

내담자 물질적으로 풍요로워서 이스라엘 백성들이 죄를 많이 짓는 환경 가운데 있게 된 것 같고요. 또 끊임없이 그렇게 죄를 지으니깐 하나님께서 깨닫게 하시려고 호세아 선지자에게 고멜을 아내로 맞이하라는 그런 명령을 내리시게 된 것 같고, 그런 영향을 받은 것 같아요.

상담자   이스라엘 백성은 죄에 무뎌져 있고 호세아는 하나님 말씀에 순종해
           야 될, 또 이스라엘 백성을 거기서 구원해야 하는 안타까운 마음과
           군중 속에 고독감을 느낀 것 같네요. 죄 가운데 있는 많은 사람들
           가운데 호세아만이 하나님의 말씀을 붙드는 선지자의 고통이 느껴
           지시네요.

내담자   네.

'자매'는 이야기의 배경을 이스라엘 도시라고 하였습니다. '자매'는 북왕
국 여러보암 2세의 치하에서 물질적 풍요를 누린 이스라엘의 배경을 잘 묘
사하고 있습니다. 이 배경하에서 그녀가 이스라엘 도시의 사회적 배경은 화
려함과 환락과 퇴폐가 있는 것으로 보았습니다. 이러한 도시의 배경이 이스
라엘 백성들에게 죄를 짓게 하는 것으로 본 것은 정확한 것입니다. 하나님께
서는 당시의 백성들을 책망하십니다. "그들은 번성할수록 내게 범죄하니"(호
4:7). '자매'는 이러한 이스라엘의 사회적 배경이 이스라엘 백성들에게 죄를
짓게 하고, 결국 하나님께서 그들의 죄를 깨닫게 하기 위해서 호세아 선지자
에게 창기인 고멜을 아내로 맞이하도록 명령하였다고 이야기했습니다.

상담자   자매님, 호세아 선지서 전체를 우리가 이야기의 구성 요소별로 살
           펴 보았는데요. 호세아 선지서의 주된 메시지는 무엇인 것 같아요?

내담자   그렇게 죄를 많이 짓고 또 고멜처럼 반복적인 죄를 짓지만 호세아
           선지자가 계속 고멜을 찾아간 것처럼, 하나님께서도 죄를 지은 이
           스라엘 백성들에게 그들의 죄를 깨닫게 하시려고 그런 명령을 내리
           셨구나, 하나님께서는 이스라엘 백성을 많이 사랑하시는구나 하는
           것을 볼 수 있었어요.

상담자   하나님의 마음을 보신 것 같네요. 어떻게 그것을 발견할 수 있었어요?

내담자   잘 모르겠어요. (웃음……)

상담자   오늘 상담을 마칠 시간이 되었네요. 오늘 우리가 성경 이야기 세계 속으로 들어가서 함께 경험했는데, 상담을 마치면서 지금 어떤 느낌이 듭니까? 지금 자매님의 마음이 어떤 것 같아요?

내담자   음…… 사실 처음에 호세아서를 읽을 때에는 이런 이야기를 통해서 제 문제를 어떻게 생각할 수 있을까 큰 기대가 없었고 그냥 읽기만 했었는데, 오늘 이렇게 이야기를 조금 나눠보니깐 상상을 하면서 이야기를 한다는 것이 조금 새롭기도 하고 좀 더 호세아서가 내 이야기처럼 가깝게 읽히는 것 같아요.

상담자   자매님이 호세아서 이야기 속에 들어가니깐 내가 그 안에서 느낄 수 있고 경험할 수 있고 사람들을 만날 수 있어서 마음이 좀 편안하고 말씀이 더 가까이 다가오게 되고 또 하나님 마음을 보게 된 것 같네요.

내담자   네.

상담자   오늘 상담은 여기서 마치고 다음 주에 뵙겠습니다.

'자매'가 발견한 호세아서의 메시지는 이스라엘 백성을 향한 하나님의 사랑으로 보았습니다. 하나님께서는 죄를 지은 이스라엘 백성들에게 그들의 죄를 깨닫게 하시려고 호세아에게 창기인 고멜을 아내로 맞이하라고 명령을 내리신 것으로 보았습니다.

사는 게 너무 힘들어서 죽을 지경이에요.

몸은 아직 온전치도 않고 허리는 아파 죽겠는데 먹고 살려 하니 일은 나가야 되고…… 사는 게 전쟁이 따로 없어요. 애들 공부도 시켜야 되는데 혼자 벌어서 먹고 살기도 힘든데 어떻게 살아야 될까요?

성경 인물 중에 나같이 이런 사람이 있다는 게 얼마나 위로가 되는지 몰라요. 야곱이 사기꾼이고 야비하다는 사람도 있지만 내가 봐서는 그럴 수밖에 없었고 집에서 도망가면서 그 이후에 얼마나 고생을 했을지……. 야곱 이야기나 내 얘기나 비슷한 것 같아요.

성경에 나오는 인물들을 상상해보면 야곱의 외모는 크지 않고 아담하면서 왠지 여성스러울 것 같아요. 또 이목구비가 아담하면서 섬세하고 뽀얀 피부를 가졌을 것 같아요. 그러나 에서는 굵직하고 거무스름하면서 건장할 것 같아요. 리브가는 꼭 나 같다는 생각이 들었는데 남편보다는 자식에 대한 애틋한 사랑, 자식이 잘되길 바라는 마음이 있었을 것 같아요. 나는 정말 이혼한 것에 대해서는 한 번도 후회한 적이 없어요. 오히려 왜 더 빨리 못 빠져나왔을까 그게 더 속상해요.

야곱이 쫓겨가면서 얼마나 처절하고 두려웠겠어요. 나도 두 자식 데리고 빈손으로 나오면서 "야~ 진짜 정말 얼마나 막막한지… 그것을 어떻게 다 말로 표현할 수 있겠어요." 야곱이 처음에 돌베개 베고 누운 자리에 돌단을 쌓고 자복하는 부분에서 많이 울면서 '나는 할 수 없다'라고 생각했어요. 내가 아들을 데리고 그 집을 처음 나오면서 진짜 이런 심정이었어요.

요셉도 야곱처럼 많은 연단을 받았어요. 로마서 8장 28절처럼 하나님께서 지금 내 고생하는 것 다 아시고 모든 것을 합력하여 선을 이루실 거예요. 지금 나의 찬양 고백은 '주 안에 있는 나에게 딴 근심 있으랴'입니다. 이 찬양을 하면 가슴이 뿌듯해지고 주님이 나와 함께하심이 느껴져요.

4단계 :

인력 탐구

4단계:
인력 탐구
05

1단계	2단계	3단계	4단계	5단계	6단계	7단계	8단계
문제 파악	성경 이야기 선정	서사적 읽기	인력 탐구	조명 자료 발견	조명 자료 강화	재저작	지지적 신앙 소그룹 형성

인력 탐구 개념

성경 이야기 상담의 4단계는 인력 탐구 단계입니다. '인력 탐구'라는 용어가 생소하게 느껴질 것입니다. '인력(drawing power)'이라는 말은 '끌리는 힘'이라는 뜻입니다.

이것은 내담자가 성경 이야기를 읽으면서 자신에게 특별히 끌리는 부분을 찾는 것입니다. 이 단계에서 이끌린다는 것은 우리가 일상적으로 성경을 읽을 때나 예배드릴 때, 경험하는 것으로서 성경 이야기 속에 담긴 영적인 메시지나 통찰력을 얻는 것과 같은 다양한 영적 체험을 포괄적으로 이해한 개념입니다.

끌림의 정도는 가볍게 감동을 받는 것부터 강력한 힘을 느끼며 몰입하는 경우까지 다양하게 경험될 수 있습니다. 인력 탐구에서는 내담자가 어떤 부분에서 어느 정도의 강도를 가지고 끊임없이 끌리게 되는지를 찾는 것입니다. 인력을 느끼는 현상은 복합적이며 다양한 원인에 의해서 발생하지만, 인력을 느끼는 현상들에 대해 다음과 같이 간략하게 설명할 수 있습니다.

내담자는 자신이 겪고 있는 문제의 해답을 현실 세계에서 끊임없이 여러 방법으로 찾아보려고 하지만 그 해답을 찾지 못할 때 절망하고 두려움과 혼란에 사로잡힙니다. 비기독교인은 현실 세계 속에서만 해답을 찾고자 하지만 기독교인은 현실 세계에서 해답을 찾지 못할 때 성경 세계로 눈을 돌리게 됩니다. 그가 성경 세계로 눈을 돌리게 되면 성경 세계는 세상에서 기대할 수 없는, 상상하기조차 어려운 새로운 해답을 제시합니다. 이렇게 될 때 내담자의 삶 속에 새로운 차원의 세계가 열리게 되는 것을 경험하면서 이 세계에 인력을 느끼게 됩니다.

이러한 경험을 통해 내담자는 마음이 편안해면서 조용하고 가벼운 끌림을 느낄 수도 있고, 때에 따라서는 아주 강렬하고 주체하기 어려운 끌림도

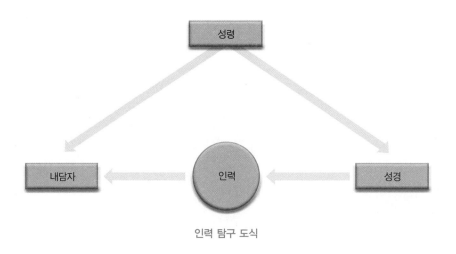

인력 탐구 도식

있을 수 있습니다. 역사적으로 보면 종교개혁자 마틴 루터는 끌림의 현상을 마치 성경 말씀 속에서 천둥소리를 듣는 것과 같았다라고 표현하였습니다.

따라서 인력 탐구는 성경 이야기를 읽을 때 자신의 실존적 상황에 맞게 읽는 것입니다. 사람이 성경 이야기를 통해서 감동과 힘을 얻는 것은 자신의 위치에서 성경을 읽고 그 세계에 몰입할 수 있을 때입니다. 예를 들면 성경 이야기에 등장하는 인물 가운데 한 사람을 자기 자신이라고 생각하면서 성경을 읽는 것입니다. 이러한 과정을 통해서 사람은 그 이야기 세계 속으로 들어가는 경험을 하게 되는 것입니다. 이때 다윗의 이야기가 나의 이야기가 되며, 베드로의 이야기가 나의 이야기가 되는 것입니다.

이렇게 성경을 효과적으로 읽기 위해서는 성경에 있는 이러한 관계들에 대해서 충분한 상상력을 가지고 읽어야 합니다. 서사적 읽기에서는 성경에 나오는 이야기에 대해 단순히 객관적이고 역사적인 것을 파악하는 것이 아니라 성경 이야기 세계 속에서 충분한 상상력을 가지고 등장인물과 사건 그리고 배경을 전체적으로 그려보는 것이 중요한 부분입니다. 이러한 상상력을 가지고 연상을 하는 과정들이 성경 이야기가 생명력 있게 자신의 삶에 다가오게 하는 중요한 단계라고 할 수 있습니다.

인력 탐구와 영적 체험 분별

인력 탐구 단계에서는 상담자가 내담자의 경험에 초점을 맞추어 탐색을 하는 것입니다. 만약 내담자가 등장인물에 끌렸다고 하면, 상담자는 다음과 같은 질문을 할 수 있습니다. "그 인물의 어느 부분에 끌렸습니까? 그 인물의 어떤 말이나 행동, 또는 인물의 어떤 생각이 마음에 닿았습니까? 그 인물의 어떤 부분에서 당신의 마음을 움직이는 경험을 하게 되었습니까? 그것이 무엇이라고 생각하십니까?"

이렇게 인력 탐구에서는 상담자가 내담자에게 그 인물에 끌렸던 경험을 명확하게 이해할 수 있도록 질문을 하는 것입니다. 인력 탐구 질문은 사건에 대해서도 할 수 있고, 배경 또는 플롯에 대해서도 똑같이 할 수 있습니다.

이 단계는 내담자의 반응을 살피는 과정이기 때문에 독자반응비평의 영역에 속합니다. 3단계의 서사적 읽기는 성경 본문의 객관적 해석이라면 인력 탐구는 본문에 대한 독자들의 주관적인 반응을 찾는 과정입니다.

인력 탐구의 자세한 질문은 다음에 나오는 질문지에 기록되어 있습니다. 그 인력 탐구 질문지를 가지고 내담자가 체험한 영적인 체험 또는 깨달음을 보다 자세하고 명확하게 조명해주고, 그것을 좀 더 기억에 남을 수 있도록 내담자에게 되풀이하는 작업이 필요합니다. 곧, 상담자는 내담자가 체험하거나 깨달은 것을 그의 마음에 남아 있도록 해주는 작업이 필요한 것입니다.

성경에 등장하는 인물들이나 교회 역사에서 쓰임받았던 인물들을 보면 강력한 체험을 한 사람들이 많이 있습니다. 여기서 한 가지 유의해야 할 부분은 영적인 체험이라든지, 영안이 열린다든지, 회심 체험 등 신비적인 체험들은 현실적으로 보면 이들과 유사한 비성경적 체험들도 있다는 것입니다. 따라서 이러한 유사한 체험들이 교회적으로나 사회적으로 문제가 될 수도 있습니다. 사람들은 환상이나 황홀경의 체험이라든지 신비스러운 방언 등 영적 체험을 하고 싶을 때가 있습니다. 그러나 계속해서 이것만을 사모하는 경우에는 문제가 생길 수 있습니다.

그래서 성경적 심리학에서는 잘못된 황홀 체험 및 영적 체험, 잘못된 환상 같은 것을 구별해내는 기준을 몇 가지 만들어놓았습니다. 상담자는 이러한 부분을 유념하여야 합니다. 영적인 체험 또는 황홀경의 체험일지라도 그 모든 체험들이 성경적인 체험이라고 말할 수는 없습니다. 즉 이러한 초자연적인 체험들이 모두 하나님을 만난 건전한 체험이라고 말할 수 없는 것입니다. 예를 들면 어떤 경우에는 약물로 환상을 느끼거나 신비 체험을 할 수도 있고, 아니면 사교 같은 집단에서도 신비한 집단 체험을 할 수 있습니다. 사람이 집단 속에 들어가면 군중심리로 자기도 모르는 강렬한 것들을 느낄 때가 있습니다. 그러나 이러한 것들은 건전한 영적 체험이 아닙니다. 그것에 몰두하고 그것을 추구하게 되면 오히려 잘못된 결과를 불러옵니다.

그러므로 인력 탐구 부분에서 상담자는 내담자가 조용한 통찰이나 감동이나 영감을 받는 것에서부터 강렬한 체험을 할 때, 그 체험이 '성경적인 체험인가, 아닌가?'라는 것을 분별할 수 있는 기준에 익숙해져야 합니다. 건전한 성경적 체험은 그 체험이 내담자로 하여금 예수 그리스도의 모습을 닮아가게 해야 합니다. 건전한 영적 체험은 예수 그리스도와 같은 겸손과 자기희생적인 사랑을 계속에서 실현해낼 수 있는 삶을 살아갈 수 있도록 해야 하는 것입니다. 또한 이 영적 체험은 예수 그리스도의 몸인 교회를 세워나가야 합니다. 건전한 영적 체험은 성경 말씀과 직접적 혹은 간접적으로 관련되어야 합니다.

요약하자면, 인력 탐구는 성경 이야기 세계를 탐색할 때 내담자가 특별히 어느 부분에 끌리는지를 찾는 것입니다. 상담자는 내담자가 끌리는 부분을 파악해서 좀 더 집중적으로 조명을 하고 그 체험을 내담자로 하여금 반복하게 함으로써 그것이 내담자의 문제를 풀어나갈 수 있도록 하는 것입니다. 그리고 한 가지 유의할 점으로 이러한 영적인 체험이나 인력이 끌리는 부분에서 겪게 되는 체험이 '건전한 체험인가, 아닌가?' 하는 것을 분별할 수 있어야 합니다.

엠마오로 가는 두 제자의 인력 체험

성경에는 인력 체험에 대한 좋은 예화가 있습니다. 누가복음 24장을 보면 예수님이 십자가에 돌아가신 후 예수님의 열두 제자 중 두 제자가 자신들의 집으로 가기 위해 예루살렘에서 엠마오로 내려가는 이야기가 있습니다. 두 제자는 기대감과 소망을 가지고 예수님을 따랐다가 그 예수가 십자가에 처참히 죽임을 당하는 것을 보고 낙심하고 환멸을 느꼈습니다. 그래서 그 제자들은 '모든 것이 다 끝났다'라고 생각하고 고향으로 터덜터덜 힘없이 내려가고 있었습니다.

엠마오 가는 두 제자

두 제자가 낙심이 되어 슬픈 얼굴로 고향으로 내려가고 있는데, 그때 어떤 한 사람이 그들에게 말을 걸면서 같이 내려가는 장면이 나옵니다. 그 사람은 그들에게 "왜 이렇게 슬퍼합니까?"라고 질문합니다. 그때 두 제자는 자신들이 슬퍼하는 이유를 설명합니다.

제자들의 말을 들은 그 사람은 성경을 통해서 예수님의 십자가의 죽음을 해석해주었습니다. 그 사람은 십자가의 죽음은 실패나 처절한 절망이 아니라 바로 성경에서 이미 예언했던 구속사가 실현되는 사건이라는 것을 성경을 통해 풀어줍니다.

그때 두 제자는 "그 말씀을 들을 때 가슴이 뜨거워지기 시작했다"고 성경은 표현하고 있습니다. 그들은 가슴이 뜨거워지면서 지금까지 느꼈던 십자가의 이미지가 새롭게 바뀌게 됩니다. 지금까지 그들에게 십자가의 이미지는 고통이고, 수치이고, 실패이고, 환멸이고, 절망이었습니다. 그런데 그 사람이 들려주는 십자가의 이야기를 들으면서 십자가가 새로운 관점에서 보이기 시작한 것입니다. 그들은 이것이 바로 하나님이 구원 계획을 이루시는 사건이라고 갑자기 깨닫게 된 것입니다.

우리는 이것을 '영안이 열렸다. 말씀을 체험하게 되었다. 또는 성령의 은혜를 입었다'라고 여러 가지 말로 표현합니다. 이러한 경험이 두 사람의 인생을 바꾸어놓게 된 것입니다. 이제까지 그들은 낙심하여 터덜터덜 고향으로 내려갔는데 십자가를 새롭게 깨닫게 되면서부터 그들의 마음이 뜨거워지면서 기쁨을 느껴 다시 예루살렘으로 되돌아가게 된 것입니다. 그들은 예루살렘에서 같은 경험을 했던 여러 제자들을 만나게 됩니다. 이것이 바로 온 세계에 퍼져 있는 기독교 역사의 시작이 되는 것입니다.

엠마오로 가는 두 제자는 성경 말씀을 통하여 예수님의 십자가 사건에 크게 인력을 느낀 것입니다. 이와 같이 하나님의 말씀을 통해 끌리는 인력은 가슴이 뜨거워지면서 새로운 체험을 하게 되는 것입니다. 이럴 때 모든 내담자가 다 똑같은 체험을 하는 것은 아닙니다. 내담자에 따라서 체험의 종류와 정도의 차이는 있습니다. 그렇지만 내담자가 성경 이야기 세계 속에서 새로운 경험을 하는 것은 틀림없습니다.

인력 탐구 방법

인력을 느낀다는 것은 상담학적으로 접근하면 감정이입이 일어나는 곳이라 할 수 있습니다. 감정이입은 크게 두 가지로 분류할 수 있습니다. 하나는 현실적 감정이입과 또 다른 하나는 이상적 감정이입니다. 현실적 감정이입은 자신의 실존적 상황에 맞는 이야기 구성 요소에 끌리는 것을 의미합니다. 내담자는 자신이 끌린 이야기를 통해 위로받고 인정을 받을 수 있게 됩니다. 이에 비해 이상적 감정이입은 자신이 갖고 있는 이상에 맞는 이야기의 구성 요소에 끌리는 것을 의미합니다. 이와 같이 이상적 감정이입은 성경 이야기를 읽으면서 자신이 가지고 있는 꿈이나 자아 이상 등에 맞는 이야기의 구성 요소에 마음이 끌리게 되는 것입니다. 이러한 과정을 통해 내담자는 자신이 현재 겪고 있는 문제나 부정적인 측면을 교정할 수 있게 됩니다.

　우리가 성경 이야기를 읽을 때 자기 자신에게 끌리는 등장인물 중 한 사람의 관점에서 본문을 읽을 수 있습니다. 내담자는 인물에게 인력을 느끼지만 사건이나 배경 또는 플롯에 인력을 느낄 수도 있습니다. 내담자가 어떤 구성 요소에 끌리든, 상담자는 그 끌리는 부분을 집중적으로 탐구해야 합니다. 이때 내담자는 상상력을 최대한 발휘하여야 합니다. 다시 한 번 말합니다. 성경 이야기를 읽을 때 내담자는 상상력을 최대한 발휘하여야 한다는 것을 잊지 말아야 합니다.

성경 이야기 세계로 들어가기

내담자는 그 이야기 속에 들어가서 이야기 속에 등장하는 인물을 만나야 하고, 그 사람들이 겪는 사건들을 겪어야 하고, 그 사람들이 걸어가는 길을 함께 걸어갈 때 감정이입이 일어납니다. 감정이입이 강하게 일어나는 그곳이 내 마음이 끌리고 있는 곳입니다. 이 현상은 내담자에게 인력이 강하게 일어나고 있는 것입니다.

따라서 상담자는 내담자가 성경 이야기의 어느 부분에서 어느 정도의 인력을 느끼는가를 파악해야 합니다. 그리고 상담자는 내담자가 인력을 느끼는 그 부분을 집중적으로 조명해야 합니다. 다시 말하면, 이것은 마치 카메라를 그곳에 초점을 맞추는 것과 같습니다. 상담자는 내담자에게 성경 이야기 속에서 끌리는 부분을 집중적으로 탐색하도록 도와주어야 합니다.

상담자가 내담자에게 인력이 끌리는 부분을 탐색하는 방법은 다음과 같습니다. 먼저 상담자는 일차적인 질문을 이렇게 하면 됩니다. "이 성경 이야기를 우리가 읽어보는데 그중에 어떤 부분에 끌립니까? 인물입니까? 사건입니까? 또는 배경이나 관점입니까?" 상담자가 이렇게 질문한 후에 내담자가 끌렸던 것이 등장인물이든 사건이든 배경이든 간에 끌리는 부분에 대해 보다 상세하게 질문을 합니다. 그리고 상담자는 내담자에게 끌린 부분의 끌렸던 정도를 파악해보는 것입니다. 이야기의 구성 요소에 끌림의 정도를 인력지수라고 합니다.

인력지수는 이야기의 구성 요소 가운데 가장 끌리지 않는 것을 1점으로 하고 가장 강력하게 끌리는 것을 10점이라고 합니다. 인력을 느끼는 지수를 1~10점이라 할 때, 상담자는 내담자가 여기-지금에서 끌리는 정도가 어느 정도 되는가를 파악하는 것입니다. 상담자가 내담자의 인력 정도를 예측하는 데 이 지수가 굉장히 중요한 부분입니다. 만약에 내담자의 끌리는 힘이 8~10점 정도가 되면 상담자는 기대감을 가지고 상담할 수 있습니다. 그러나 끌리는 힘이 5~6점 정도 된다면 상담자는 내담자에게 서사적 읽기를 한 번 더 자세하게 해보게 하는 것도 좋은 방법이 됩니다.

이와 같이 끌리는 정도를 파악하는 것은 내담자가 이야기 세계 속에서 얼

인력 지수

마나 강렬한 힘을 느끼는가를 파악하기 위한 것입니다. 내담자에게 영적인 반응을 일으키는 이러한 현상은 때로는 말로써 설명하기 어려운 신비스러운 현상입니다. 이러한 현상이 일어나는 것은 성경이 가지고 있는 현시적 능력 때문입니다. 성경 이야기는 성경 본문이기 때문에 성경이 가지고 있는 영감적이면서 현시적인 능력을 가지고 있습니다. 그래서 내담자가 성경 이야기를 읽을 때 지금까지 느껴보지 못했던 새로운 체험을 하게 되는 것입니다. 이러한 현시적인 능력은 때로는 성경의 등장인물에서부터 올 수도 있고, 배경이나 사건으로부터 올 수도 있고, 아니면 이야기의 플롯에서 올 수도 있습니다.

인력 탐구 질문

서사적 읽기를 통해 어떤 방식이든 내담자가 성경 이야기에 인력을 느끼면 상담자는 내담자에게 성경 이야기의 구성 요소들과 전체적인 내용에 대한 생각과 느낌에 대해 질문을 할 수 있습니다. 이러한 질문을 통해 상담자는 내담자에게 자신의 새로운 이야기를 구성할 수 있는 동기와 소재를 찾도록 도와줄 수 있습니다. 일반적으로 말하면 이야기의 구성 요소 중 인력을 강하게 느낄수록 그 부분에서 조명자료를 찾기도 쉽고 재저작하기도 쉽습니다. 상담자는 내담자가 인력을 보다 분명하게 느끼게 하기 위해서 내담자에게 아래와 같은 읽기 지침을 알려줍니다.

일반 내담자들을 보면 인력은 현재의 문제보다는 과거의 문제와 관련이 있습니다. 표면적으로 보면 현재 겪고 있는 문제와 과거의 경험 간에는 관련성이 없는 것처럼 보이지만 사실 심층적으로는 상호 관련성을 갖고 있습니다.

● 이야기의 구성 요소에 대한 인력 탐구 질문

"이 이야기의 등장인물, 사건, 배경, 플롯 가운데서 어느 부분에 가장 끌립니까?"

● 인력지수 질문

인력지수 질문은 아래의 도표를 활용할 수 있습니다. 마음에 끌리는 이야기의 구성 요소를 중심으로 아래의 도표를 사용하여 세부 질문을 합니다. 이때 이야기의 구성 요소별로 모든 질문을 할 필요는 없고, 상담 상황에 맞게 질문들을 조절할 수 있습니다. 내담자에게 직접 인력지수를 체크하게 하면 보다 효율적입니다. 중요한 것은 인력이 가장 강하게 끌리는 이야기의 구성 요소 중 한 부분을 명료화하고 구체화하는 것입니다. 이때 인력지수가 8~10이면 끌리는 지수가 높다고 볼 수 있습니다. 인력지수가 가장 높은 점수가 인력이 가장 많이 끌리는 부분입니다. 인력지수가 가장 높은 부분을 중심으로 인력 탐구 질문을 하면 됩니다.

"마음에 끌리는 지수가 1점에서 10점까지 있습니다. 가장 낮은 점수가 1점이고, 가장 높은 점수는 10점입니다. 현재 당신의 인력지수는 몇 점입니까?"

이야기 구성 요소	인력지수(1~10)
등장인물	
사건	
배경	
플롯	

● 인력과 삶과의 관련성 질문

"인력이 끌린 부분에서 자신의 삶을 새롭게 바라보게 하는 것이 있다면 그것은 무엇입니까?"

이야기 구성 요소 중 가장 끌리는 부분에만 인력 탐구 질문을 합니다.

상담자는 이야기의 구성 요소인 등장인물, 사건, 배경, 플롯 중 내담자의 마음에 가장 끌리는 것을 찾아서 그 부분만을 집중적으로 질문하면 됩니다. 다시 말해 이야기의 모든 구성 요소를 모두 다루는 것이 아니라, 내담자에게 인력이 끌리는 이야기의 구성 요소 중 하나만을 선택하여 집중해서 탐구하면 됩니다.

내담자가 등장인물에 인력을 느꼈다면 등장인물 인력 탐구 질문을 하고, 사건에 인력을 느꼈다면 사건 인력 탐구 질문을 하면 됩니다. 그리고 내담자가 배경에 인력을 느꼈다면 배경 인력 탐구 질문으로 가고, 플롯에 인력을 느꼈다면 플롯 인력 탐구 질문으로 갑니다.

이렇게 자기 자신이 끌린 부분에 대해 집중적으로 탐구해갈 때, 내담자는 그곳에서 깊은 감정이입이 일어나게 됩니다. 이러한 경험을 통해 내담자는 성경 본문을 통해서 영적인 체험을 하게 될 것입니다. 이와 같은 영적인 체험을 통해 성령님께서 주시는 말씀과 삶의 조명을 받게 되는 것입니다.

● **등장인물 인력 탐구 질문 : 등장인물에 인력을 느낀 경우**

"이 이야기의 등장인물들 중 가장 끌리는 사람은 누구입니까?"

"그 사람의 어떤 부분에 끌립니까?"

"이 사람이 겪고 있는 문제는 무엇이며, 그 문제의 원인은 무엇이라고 생각합니까?"

"이 사람은 그 문제를 어떻게 해결했습니까?

_____

_____

_____

"이 사람의 문제 해결 방안이 당신의 문제에 어떤 도움을 줄 수 있습니까?"

_____

_____

_____

- 인력과 삶과의 관련성 질문

  "인력이 끌린 부분에서 자신의 삶을 새롭게 바라보게 하는 것이 있다면 그것
  은 무엇입니까?"

  _____

  _____

  _____

  _____

- 사건 인력 탐구 질문 : 사건에 인력을 느낀 경우

  "이 이야기의 어떤 사건에 끌립니까?"

  _____

  _____

  _____

"이 사건이 일어나게 된 배경은 무엇입니까?"

"이 사건이 등장인물들에게 어떤 영향을 끼치며, 어떻게 결말이 났습니까?"

"당신의 삶에서 이와 유사한 사건을 경험한 적이 있습니까? 있다면 그 사건
이 당신의 삶에 어떤 영향을 미쳤으며 어떻게 결말이 났습니까?"

"이 사건이 현재 당신이 겪고 있는 문제에 어떤 해결 방안을 제시할 수 있습
니까?"

● 인력과 삶과의 관련성 질문

"인력이 끌린 부분에서 자신의 삶을 새롭게 바라보게 하는 것이 있다면 그것
은 무엇입니까?"

● 배경 인력 탐구 질문 : 배경에 인력을 느낀 경우

"이 이야기의 어떤 배경에 끌립니까?"

"이 배경이 등장인물이나 사건에 어떤 영향을 미쳤습니까?"

"이 배경에 대한 이해가 당신의 문제에 어떤 도움을 줄 수 있습니까?"

● 인력과 삶과의 관련성 질문

"인력이 끌린 부분에서 자신의 삶을 새롭게 바라보게 하는 것이 있다면 그것은 무엇입니까?"

● 플롯 인력 탐구 질문 : 플롯에 인력을 느낀 경우

"이 이야기의 주된 메시지는 무엇이며, 어떻게 묘사되어 있습니까?"

"이 이야기의 메시지는 당신의 문제에 어떤 도움을 줄 수 있을 것 같습니까?"

● 인력과 삶과의 관련성 질문

"인력이 끌린 부분에서 자신의 삶을 새롭게 바라보게 하는 것이 있다면 그것
은 무엇입니까?"

인력 탐구 상담 사례

인력 탐구는 서사적 읽기를 통한 호세아 이야기가 내담자 '자매'의 삶과 어떤
상호작용을 하는지를 밝히는 단계입니다. 이 단계에서는 상담자가 호세아 이야
기의 서사적 읽기에서 '자매'가 끌리는 현상, 즉 인력을 느끼는 현상을 보다 정
확하고 구체적으로 파악하고자 하는 것입니다. 이 단계는 내담자인 '자매'에게

있어서 등장인물, 사건, 배경, 플롯 중 어떤 부분에서 인력이 일어나며 그 인력의 구체적 내용이 무엇인지를 밝히는 단계입니다.

인력 탐구는 상담자와 내담자인 '자매'와의 대화를 통해서 인력이 느껴지는 경험을 명료화하고 체계화하는 것을 도와주는 것입니다. 인력 탐구 반응지수를 체크하는 방법은 인력 탐구지를 내담자 스스로 작성할 수도 있고, 상담자가 내담자에게 질문하는 형식으로 할 수 있습니다. 이 사례에서는 상담자가 '자매'에게 질문하는 형식을 택했습니다. 이때 상담자는 '나는 알지 못한다'의 자세가 필요하고 한 걸음 더 나아가 성령의 인도가 더욱 필요합니다. 인력 탐구의 실제 상담 사례는 다음과 같습니다.

상담자 호세아서를 읽으면서 사건이나 등장인물, 배경 가운데 가장 마음에 끌리는 부분은 무엇입니까?

내담자 등장인물이 가장 끌립니다.

상담자 등장인물이 끌리는군요. 등장인물 가운데서 자매님의 마음에 가장 감동적인 사람은 누구입니까?

내담자 호세아 선지자가 마음에 가장 감동을 줍니다.

상담자 호세아 선지자가 자매님의 마음에 감동을 주는군요? 자매님이 현재 호세아 선지자에게 끌리는 정도를 인력지수라고 합니다. 그 반응지수를 숫자로 표현해서 가장 낮은 인력지수가 1점이고, 가장 높은 인력지수를 10점이라고 한다면 현재 자매님이 호세아 선지자에게 끌리는 인력지수는 몇 점인 것 같습니까?

내담자 9점 정도 되는 것 같아요.

상담자 네, 9점 정도가 되는군요?

호세아 이야기 가운데서 '자매'에게 정서적 반응이 일어난 곳은 등장인물이었습니다. 자매에게는 호세아 이야기에 등장하는 인물 가운데서도 호세아 선지자에게 정서적 반응이 높게 나타났습니다. '자매'가 호세아 선지자에게 일어난 반응지수는 '9'점이었습니다. 반응지수가 '9점' 정도이면 높은 반응지수로서, 내담자가 호세아 선지자에게 정서적 반응과 기대감이 높게 나타나고 있음을 나타냅니다. 따라서 내담자인 '자매'는 호세아의 삶과 자신의 삶이 유사하다는 생각을 가지고 있다고 볼 수 있습니다. 이러한 기대감이 '자매'가 가지고 있는 생각의 변화를 주도할 수 있는 동기와 힘을 제공해줄 것입니다. 호세아에게 끌리는 반응지수가 높기 때문에 인력이 강하게 끌리고 있다고 할 수 있습니다.

상담자 호세아 선지자에게 끌리는 이유는 무엇인가요?

내담자 호세아 선지자는 하나님의 명령으로 창기인 고멜을 아내로 맞이하잖아요. (음) 그리고 고멜이 다시 집을 나갔는데도 호세아는 다시 그 아내를 찾아서 집으로 데려오잖아요. 어떻게 그렇게 할 수 있었는지?

상담자 호세아 선지자가 하나님의 명령 때문에 창기인 고멜을 아내로 맞이하는 것을 도무지 이해할 수 없는 것 같군요?

내담자 네, 맞아요. 어떻게 호세아가 그렇게 할 수 있는지 지금도 이해가 되지 않아요.

상담자 이해가 되지 않는 호세아의 마음을 이해하고 싶은가 보네요?

내담자 네, 아무리 하나님의 뜻이라도 어떻게 그렇게 할 수 있어요?

상담자 그러면 자매님, 이해가 되지 않지만 호세아 선지자의 어떤 면이 마음에 끌리세요?

내담자 제 마음에 끌린 것은 호세아 선지자가 창기인 고멜을 아내로 맞이한 것이에요. 이 부분이 가장 감동적이에요.

상담자 호세아가 창기를 아내로 맞이하는 그 모습이 가슴에 와 닿는가 보네요? 호세아 선지자가 창기인 고멜을 아내로 맞이하는 이유는 무엇이라고 생각하나요?

내담자 사실 호세아서를 읽다가 1장 2절에서 넘어가지를 못했어요. 1장 2절 말씀에 걸려서 더 이상 읽을 수가 없었어요.

상담자 1장 2절 말씀이 마음에 걸렸는가 보네요. 1장 2절이 어떤 말씀인지 자매님이 성경을 한번 읽어주시겠어요?

내담자 네, "여호와께서 처음 호세아에게 말씀하실 때 여호와께서 호세아에게 이르시되 너는 가서 음란한 여자를 맞이하여 음란한 자식들을 낳으라. 이 나라가 여호와를 떠나 크게 음란함이니라 하시니." 저는 이 구절에서 호세아가 되어서 '하나님 말도 안 되는 것을 명령하시느냐'고 반문했어요.

상담자 호세아 선지자가 하나님의 명령 때문에 창기인 고멜을 아내로 데려오는 것은 사람으로서는 할 수 없는 일이라고 생각하시는군요? 자매님으로 하여금 무엇이 2절 말씀에서 못 넘어가게 하고 하나님께 반문하게 하였을까요?

내담자 저는 하나님께 여쭈어보았어요. 막상 하나님이 진짜 남편을 보내주면 어떻게 하죠? 그러면 나는 안 돼!라고 해요. 제 마음에 항상 그랬어요. 작년까지도요. 나는 싫은데. 사실 남편이 오려고 하는 것도 내가 거부했어요. 작년 중반기에 그런 부분들을 일부러 회피한 것도 있었어요. 남편이 진짜 오면 어떻게 하지. 기도는 했는데 막상 올 것처럼 보이니까 힘들다고 거부했어요. 안 된다라고 했어요.

상담자 호세아 선지자가 하나님의 말씀 때문에 계속 창기인 아내를 데려오는 모습이 현재 자매님이 고민하고 있는 문제와 비슷하다고 생각하시는 것 같군요?

내담자   네, 맞아요. 호세아가 아무리 하나님의 명령이지만 어떻게 그렇게 할 수 있어요?

상담자   네, 그런 생각을 할 수도 있지요. 그러면 자매님, 호세아는 그 문제를 어떻게 해결하고 있습니까?

내담자   하나님께 다시 기도하고 시작해보니, 내가 호세아가 되어서 끝까지 읽어보니 깨달아지는 것이 "내가 너를 어찌 버리겠느냐 내가 어찌 너 손을 놓겠느냐"라는 말씀이 와 닿았어요.

상담자   네, "내가 너를 어찌 버리겠느냐"라는 말씀에 마음의 반응이 나타났군요? '내가 너를 어찌 버리겠느냐'라는 말씀에서 어떤 것이 자매님의 마음을 움직이게 하였나요?

내담자   처음에 저는 호세아가 고멜과 결혼하고 그 뒤에도 집을 나간 그녀를 데리고 온 것은 단순히 하나님의 명령 때문이라고 생각했어요. 그런데 그 하나님의 명령에는 고멜을 살리시고자 하시는 사랑이 있다는 점을 깨닫게 되었어요. 하나님은 창기인 고멜도 사랑하신다는 것을 호세가 깨달았겠죠. 저라면 그렇게 못하겠어요. 어떻게 그렇게 할 수 있어요. 그런데도 호세아는 아내를 찾아오고 있잖아요. 그것은 바로 그녀를 사랑하면서 긍휼히 여기는 마음 때문이겠죠.

상담자   호세아 선지자가 하나님의 명령 때문에 어쩔 수 없이 아내를 데려온 것이 아니라 하나님의 명령 안에는 고멜에 대한 사랑이 있다는 것을 새롭게 발견하게 되었군요?

내담자   네, 정말 새로운 발견이었어요. 지금까지는 하나님의 명령 때문에 호세아가 고멜을 데리고 온다고 생각하였거든요. 그런데 그것이 아니었어요. 호세아가 아내를 불쌍히 여기면서 사랑하고 있더라고요.

그녀가 호세아 선지자에게 끌린 인력지수는 9점이었습니다. 그녀가 호세아 선지자에게 '9점'으로 끌린 이유는 하나님의 명령 안에 있는 고멜을 향한 사랑을 느꼈기 때문이라고 말하였습니다.

지금까지 그녀는 호세아 선지자가 하나님의 명령에 순종하기 위해 어쩔 수 없이 창기인 고멜과 결혼했다고 생각했습니다. 그러나 그녀는 인력 탐구를 통해 '하나님의 명령'에 대한 새로운 이해와 인식을 하게 되었습니다. 그녀는 호세아가 아내 고멜을 향한 사랑은 단지 좋아함을 넘어서서 하나님께서 우리를 불쌍히 여기는 그 사랑이라고 하였습니다.

상담자　이러한 호세아의 문제 해결 방법이 자매님의 문제 해결에 어떤 도움을 줄 수 있을 것 같아요?

내담자　제가 남편이 불쌍해서 놓고 싶은 마음이, 혹처럼 잘라내고 싶은 마음이, 수도 없이 많았는데 하나님의 약속 때문에 내가 이렇게 두 마음을 품고 사나라는 생각 때문에 많이 힘들었는데. 내가 남편을 사랑해서, 불쌍하고 안된 것 때문에 놓지 못한 것 같아요.

상담자　그동안 하나님의 약속 때문에 남편을 놓지 못하였는데, 호세아가 고멜에게 "내가 너를 어찌 버리겠느냐"는 말씀을 통해, 하나님의 마음을 알게 되어 그동안 남편을 향한 혼란스러웠던 마음이 정리가 되신 것 같네요?

내담자　네, 하나님이 왜 저에게 이런 것을 시키느냐고, 나는 싫다고 했는데, 다시 그 말씀을 묵상하니까 "내가 너를 사랑한다. 그렇지만 네가 아니고는 저 영혼을 맡길 데가 없다. 너니까 맡기는 것이다. (갑

자기 복받쳐오는 듯한 울먹임으로) 그러면서 하나님이 아픈 마음으로 너를 사랑하고 네가 힘들 것은 알지만 저 영혼을 너에게 맡길 수밖에 없구나."고 하셨어요. 남편의 영혼을 나에게 맡길 수밖에 없는 그 하나님의 아픈 마음을 알게 되었어요.

상담자 네⋯⋯. 음⋯⋯. (잠시 침묵이 흐름) 남편을 자매님에게 맡길 수밖에 없는 하나님의 마음을 알고 나니 마음이 한결 편안해지신 것 같네요?

내담자 네, 남편을 향한 하나님의 마음을 보고 나니까 제 마음이 한결 편안해진 것 같아요. 하나님의 마음을 알고 나니까 정말로 기꺼이 십자가를 질 수 있겠구나 하는 느낌이 왔어요.

상담자 하나님의 약속 때문에 머리로는 남편을 이해하고 받아들여야 된다고 생각하였는 데, 마음으로는 남편을 받아들일 수 없어 그동안 힘들고 혼란스러웠는데 호세아 선지자가 창기인 고멜을 아내로 맞이하는 것은 하나님의 명령 때문만이 아니라는 것을 깨닫게 됨으로 이제는 자매님이 남편을 용서하고 받아들일 수 있는 마음이 생기신 것 같네요?

내담자 네, 그래요. 이제는 그렇게 할 수 있을 것 같아요.

호세아의 문제 해결 방법이 '자매' 자신의 문제 해결에 도움을 준 것은 호세아가 고멜에게 한 말(내가 너를 어찌 버리겠느냐)을 통해, 남편을 불쌍히 여기면서 용서하고 받아들일 수 있는 마음을 가질 수 있게 된 것입니다. 그녀가 이렇게 말할 수 있었던 것은 하나님의 아픈 마음을 호세아를 통해 발견하게 되었기 때문입니다.

'자매'는 호세아에게 주신 하나님의 명령이 범죄한 이스라엘을 상징하는 고멜을 회복하고자 하는 것임을 깨닫게 되었습니다. 이 깨달음은 호세아

서의 핵심적인 메시지입니다. 이 깨달음에 근거해서 '자매'는 하나님이 죄
인도 사랑하신다는 사실과 그 하나님이 남편도 자신을 통해서 회복하시고
자 함을 알게 되었습니다.

내담자는 하나님께서 자신에게 "내가 너를 사랑한다. 그렇지만 네가 아
니고는 저 영혼을 맡길 데가 없다. 너니까 맡기는 것이다. 그러면서 하나
님이 아픈 마음으로 너를 사랑하고 네가 힘들 것은 알지만 저 영혼을 너에
게 맡길 수밖에 없구나."라고 말씀하셨다고 하였습니다. 이렇게 '자매'가 자
신과 남편을 향한 하나님의 아픈 마음을 발견하면서 남편을 불쌍히 여겨서
사랑하게 되고, 용서하고 받아들이고자 하는 마음이 생기게 되었습니다.

● 딸을 먼저 천국에 보낸 어머니 이야기

하나님이 나를 웃게 하신다.

2006년 봄에 스물여섯 살 딸이 천국으로 갔습니다. 그때는 내 삶에 아무
런 의미가 없어졌습니다. 나에게 그 딸은 내가 아팠고, 힘들었고, 고되었
던 삶의 일기장을 물려주며 엄마의 삶을 함께 이야기하고 싶었던 딸이었
습니다. 그렇게 사랑하는 딸이 나의 곁을 떠나갔습니다. 차라리 내가 먼저
가야 하는데, 나는 1년을 울며 방 안에서 씨름을 했습니다. 나는 하나님의
뜻을 알려고 고함을 치며 성경을 읽으며 기도했습니다.

나는 성경 이야기 상담 시간에 룻기를 읽으면서 룻의 입장이 되어보았
습니다. 룻의 남편과 두 아들은 어떤 상황 가운데 죽었을까? 성경에 자세
한 표기는 없었지만 내 딸이 천국 간 것과 같은 상황이었을 수도 있을 것
같았습니다. 또한 룻의 이야기는 끔찍한 아픔과 상실로서 끝난 이야기가

아니고 하나님을 향해 힘든 발걸음을 시작한 나오미에게 아들보다 더 나은 귀한 며느리인 룻을 통해 하나님의 시나리오가 해피엔딩으로 마무리됨을 보았습니다.

나는 나오미의 삶의 필름을 뒤로 돌려보았습니다. 하나님은 나오미 가족들을 모압으로 가게 하고, 상실을 경험하게 하고, 룻을 만나게 하신 일들을 볼 수 있었습니다. 하나님의 계획이 그녀의 삶 속에 하나하나 완성되는 것을 보며, 나에게는 새 소망이 생겼습니다. 지금 나에겐 믿음직하고 든든한 지지자 남편과 사려 깊고 엄마를 언제나 위로하며 힘을 더해주는 멋진 아들이 있지 않은가?

딸을 천국으로 보낸 내게 가장 힘든 부분은 웃음. 웃음이란 단어가 새삼 두려운 단어로 다가왔습니다. 성경을 붙잡고 씨름하던 어느 날 하나님은 내게 말씀하셨습니다. 너 스스로는 웃을 수 없지만 하나님이 나를 웃게 하시니…… 창세기 21장 6절 웃음이란 단어가 내게 확대되어 다가왔습니다.

"하나님이 나를 웃게 하시니 듣는 자가 다 나와 함께 웃으리로다."

하나님이 나를 웃게 하신다는 말씀에 더 큰 소망이 생기기 시작했습니다. 이 당시 하나님은 상담 학교로 나의 팔을 잡고 인도하셨습니다. 그리고 하나님은 먼저 나를 보게 하셨습니다. 나 비로소 이제 깊고 넓은 바다로 간다……. '항해자' 당신이 나를 일으켜 세워주시기에 나는 산에 우뚝 서 있을 수 있습니다. 'you raise me up(날 일으켜 주시고).' 하나님은 나에게 찬양을 하게 하며 한 걸음 한 걸음 나의 의를 내려놓는 작업을 하셨습니다. 그리고 하나님은 나에게 당신의 목적과 계획을 보는 눈을 뜨게 하셨습니다.

나의 불행한 결혼생활, 남편의 사업 실패와 가난, 딸을 천국으로 먼저 보냄……. 하나님이 내 인생에 경험하게 한 많은 것들…… 이미 하나님이 나를 이 땅에 보낼 때 시나리오에 있던 것들, 나 스스로는 전혀 웃을 수 없는 상처뿐인 사건들 가운데 하나님은 다시 나를 웃게 하셨습니다. 하나님께서 약속하신 대로.

　딸을 보내고 난 1년 뒤 상담 공부를 하며 첫 내담자 딸 H를 만나게 되었습니다. 나는 그녀를 향한 하나님의 계획과 기대를 이야기했고, 그녀의 고통을 사랑으로 경청을 하면서 함께 있어주었습니다. 상담학교에서 배운 대로……. 그녀(H)는 지난해　전도사님과 결혼을 했습니다. 그리고 얼마 전 아들을 낳았습니다. 나는 미역국만 늘 먹어서 질린다는 그녀에게 시래기 국을 맛나게 끓여주었습니다. 나는 그날 매우 행복해하는 딸(H)과 함께 하나님을 찬양했습니다. 그 후 나는 이혼한 부모와의 갈등과 아픔 등으로 고통당하고 있는 초등학교 6학년 아이, 중학교 1학년 학생, 27살의 청년을 통하여 하나님이 만나게 하신 이들이 회복되어가고 있음을 경험하고 있습니다. 내가 오늘이 있기까지 또한 앞으로 내 삶에 큰 힘이 될 지지자들이 있습니다. 나의 지지자들은 부산에 있는 A교회(나의 친정교회)에서 만난 귀한 친구들과 기독영성상담연구소 경남센터에서 만난 사모님과 많은 동역자들입니다. 그들은 내 모습 그대로를 보여줄 수 있었던 친구와 지지자들입니다. 나는 이러한 사람들을 주신 하나님께 감사합니다.

5단계 : 06

조명자료 발견

1단계 문제 파악	2단계 성경 이야기 선정	3단계 서사적 읽기	4단계 인력 탐구	5단계 조명 자료 발견	6단계 조명 자료 강화	7단계 재저작	8단계 지지적 신앙 소그룹 형성

인력 탐구는 내담자가 성경 이야기의 어느 부분에 몰입하는가를 파악하는 것으로서 공감이나 감정이입이 일어나는 곳과 그 이유를 밝히는 것이라면, 조명자료 발견은 내담자를 몰입하게 하는 그것이 어떤 성경적 의미가 있는지를 찾아내는 것입니다. 인력을 체험하는 것은 일종의 영적 체험으로서 이 체험은 성경 말씀과 연결되어야 합니다. 이때 연결되는 성경 말씀이 조명자료의 소재가 됩니다. 칼뱅(J. Calvin)에 의하면 하나님의 말씀은 "성령의 내적 조명에 의해서 각인이 되기 전까지는 마음속에 완전한 의미를 나타내지 않는다"(기독교 강요 I, VII. 4).

따라서 내담자가 성경 이야기를 통해 삶의 의미를 새롭게 발견하게 되는 것은 성령의 내적 조명에 의해서 가능합니다. 이 성령의 내적 조명이 된 말씀을 여기서는 조명자료(illuminating resources)라 부르고자 합니다. 이 조명

성령께서 조명한 성경말씀

자료는 성경 이야기가 내담자 자신의 이야기로 바뀔 때 발견되는 자료입니다. 그런데 조명자료는 내담자가 인력 탐구한 부분에서 찾습니다. 다시 말해 조명자료 발견은 성경 이야기 중에서 가장 끌리는 부분에서 성경적 또는 신학적인 메시지를 찾아내는 작업입니다.

조명자료 개념―삶의 새로운 빛

조명자료의 의미는 조명이라는 말 그대로 무언가를 비추어주는 자료입니다. 조명자료는 내담자의 삶을 조명하는 자료로서 캄캄한 바다의 등대와 같은 역할을 한다고 할 수 있습니다. 등대불이 캄캄한 바다를 비출 때 어둠 속에 있는 바다가 환하게 나타나게 됩니다.

　캄캄한 바다와 같은 내담자의 삶에는 여러 가지 문제가 있게 마련입니다. 내담자는 자신의 삶이 어둠 속에 있기 때문에 많은 문제들이 생기고, 외로

등대와 같은 조명자료

움과 삶의 고통을 느끼고, 삶의 참된 의미를 찾지 못하는 것입니다. 다시 말해 내담자의 삶을 캄캄한 바다로 연상을 해 본다면 조명자료는 결국 캄캄한 바다와 같은 내담자의 삶을 환히 밝혀주는 등대와 같은 역할을 하는 것이 됩니다. 내담자는 조명자료를 통해서 어두웠던 삶 속에서 새로운 삶의 의미와 기쁨을 찾아낼 수 있는 것입니다. 우리는 이러한 자료를 '조명자료'라고 이름을 붙였습니다.

조명자료는 내담자의 과거와 현재의 삶과 밀접한 관련을 가진 독특한 자료입니다. 조명자료는 내담자의 삶을 새롭게 볼 수 있는 자료입니다. 성경 이야기 상담은 성경 속에서 조명자료를 찾음으로써 문제의 해결을 시도하게 됩니다. 세상의 상황과 다른 성경 속의 상황을 만남으로 문제의 근거가 해소되는 새로운 자료를 찾는 것입니다.

다시 말하면, 인간 세계 속에서의 문제는 하나님의 세계 속에서 더 이상 문제가 되지 않는 것입니다. 내담자의 이야기 속에는 그것이 과거의 것이든, 현재의 것이든, 미래의 것이든 궁극적인 해결책은 없습니다. 내담자 자신의 과거, 현재, 미래가 새로운 빛으로 조명될 때 비로소 그곳에 진정한 해결책이 보이게 됩니다. 그 새로운 빛은 바로 주님과의 만남으로 주어지는 것입니다.

찬송가 428장에 있듯이, 이것은 마치 내담자의 영혼에 햇빛이 비치는 것과 같습니다. "내 영혼에 햇빛 비치니 주의 영광 찬란해 이 세상 어떤 빛보다 이 빛 더 빛나네. 주의 영광 빛난 그 빛 내게 비춰주시옵소서. 그 밝은 얼굴 내가 뵈올 때에 나의 영혼 기쁘다."

조명자료 발견 방법

내담자에게 인력이 강하게 끌리는 부분을 집중적으로 탐색하면, 그 속에서 성경적인 메시지를 찾아낼 수 있습니다. 이렇게 찾아낸 성경적 · 신학적인 메시지를 조명자료라고 이해하면 됩니다. 이 조명자료를 발견하기 위해서는 인력 탐구 질문을 통해 내담자가 성경 이야기 중에서 가장 강하게 끌리는 부분에 대해서 보다 자세하게 분석해야 합니다. 이때 내담자의 인력지수는 8~10이면 됩니다.

인력 탐구를 통해서 발견한 조명자료는 내담자의 삶에서 그동안 등한시되었던 사건들과 경험들을 새롭게 해석하여 중요성을 재인식하게 만듭니다. 그러면 내담자가 어떻게 성경 이야기 세계 속에서 자신의 삶을 새롭게 볼 수 있는 조명자료를 찾을 수 있을까? 인력이 나타나는 부분에서 어떻게 성경적 · 신학적인 메시지를 찾을 수 있을까?

성경을 보면 조명자료에 대한 이론적 근거를 설명하는 부분이 있습니다.

요한복음 1장 서두에 보면 "태초에 말씀이 계시니라 이 말씀이 하나님과 함께하셨고 이 말씀이 하나님이시다."라고 하면서 곧이어 "말씀으로 말미암아 만물이 지음을 받았다."라고 말합니다. 그다음 구절을 보면 "말씀 안에 생명이 있는데 이 생명이 사람들의 빛이다."라고 기록되어 있습니다. 여기 순서를 자세히 한번 보시기 바랍니다. '태초에 말씀이 있었는데 그 말씀 안에 생명이 있었고, 이 생명이 바로 사람들의 빛이다.'라는 순서로 되어 있습니다.

사람들이 말씀 안에 들어 있는 생명을 만나고 이 생명을 찾게 되면 빛을 발견하게 되는 것입니다. 이것은 성경 이야기 상담에서 내담자가 성경 이야기 세계를 탐색하고, 성경 이야기를 읽다가 이야기의 어느 부분에 강력하게 끌리게 되는 것은 마치 말씀 안에서 생명력을 느끼게 되는 경험이라 할 수 있습니다. 이것을 영적인 체험이라고 말할 수 있습니다. 그래서 말씀 안에서 생명을 느끼게 되면, 이 생명이 내담자의 삶을 새롭게 비추어주는 빛으로서의 기능을 갖게 되는 것입니다. 이것이 내담자에게 있어서는 조명자료가 되어 성경적·신학적인 메시지가 나타나게 되는 것입니다.

성경적인 메시지를 발견하는 것은 결국 내담자가 자신의 삶을 탐색해가는 과정 속에서 성경 이야기 안에서 이제까지 느껴보지 못했던 새로운 생명을 체험하게 되는 것입니다. 내담자는 성경 이야기 세계 속에서 생명을 찾고 새로운 체험을 자신의 삶에서 이제까지 느껴보지 못했던 새로운 빛을 발견하게 됩니다. 이 빛이 바로 조명자료입니다.

이 빛을 통해서 자신의 삶을 새롭게 조명해보면, 이제까지는 심각하고 고통스러웠던 문제들이 새로운 관점에서 보이게 됩니다. 내담자는 빛인 조명자료를 통해서 새로운 의미를 찾게 됨으로써 결국 문제 해결의 실마리를 찾게 되는 것입니다. 이것이 인력을 느끼는 부분에서 조명자료를 찾게 되는 작업의 이론적인 근거라고 할 수 있습니다.

우리는 왜 내담자가 어떤 상황에서 특정한 성경 말씀을 기억하게 되는지를 잘 모릅니다. 단지 주님께서는 미리 이 현상을 예고하였습니다. "보혜사 곧 아버지께서 내 이름으로 보내실 성령 그가 너희에게 모든 것을 가르치고 내가 너희에게 말한 모든 것을 생각나게 하리라"(요 14:26).

조명자료 발견 질문

조명자료 발견은 내담자의 새로운 이야기의 출발점이 됩니다. 내담자는 발견한 조명자료를 통해 자신의 삶을 다시 조명해봄으로 새로운 경험을 하게 될 것입니다. 상담자는 내담자가 조명자료를 발견할 수 있도록 내담자에게 인력을 강하게 느끼는 부분에 집중적으로 질문을 해야 합니다. 이러한 과정을 통해 상담자는 내담자의 조명자료를 발견하게 됩니다.

조명자료를 발견하기 위해서는 내담자가 가장 강하게 끌리는 성경 이야기에 대해서 보다 자세하게 분석해야 합니다. 즉 조명자료 발견은 인력 탐구를 통해 강하게 끌린 부분에서 성경적 메시지를 찾는 것입니다. 상담자는 아래와 같은 질문을 함으로 내담자가 조명자료를 발견할 수 있도록 도울 수 있습니다.

"(인력 탐구한 내용) … 에서 강한 인력을 느꼈는데, 이 부분에서 발견할 수 있는 메시지는 무엇입니까?"

이때의 메시지는 성경적 메시지 또는 교훈을 의미합니다. 성경적 메시지는 내담자가 인력을 강하게 느낀 성경 이야기에서 발견한 메시지를 의미합니다.

"이 메시지는 당신의 삶에 어떤 의미가 있습니까?"

내담자가 조명자료를 찾는다 할지라도 이 조명자료는 환경이나 시간이 지나면 잊어버리는 경우가 많습니다. 그래서 상담자는 내담자로 하여금 이 조명자료를 기억하고, 오랫동안 사용할 수 있도록 조명자료에 제목이나 이름을 붙이도록 도와주어야 합니다. 이때 상담자는 내담자에게 다음과 같은 질문으로 이름을 붙일 수 있도록 도와줄 수 있습니다.

내담자가 이렇게 인력 탐구를 통해 새롭게 발견한 조명자료의 전체적인 느낌과 메시지를 이름이나 제목을 붙여서 축약시켜놓으면 이 자료는 오랫동안 기억되고 회상되게 될 것입니다. 그래서 상담자는 내담자에게 조명자료에 제목이나 이름을 붙이도록 합니다.

"이 메시지에 제목이나 이름을 붙인다면 무엇이라고 할 수 있습니까?"

"그 의미는 무엇입니까?"

메시지를 압축해서 이름이나 제목을 붙인 것은 성령께서 내적으로 조명하여주신 말씀의 요약으로서 내담자가 오랫동안 기억하기 쉽습니다. 이러한 과정을 통해 내담자가 경험했던 영적인 체험들이 현실에서 좀 더 구체화될 수 있습니다. 영적인 체험이 구체화된다는 것은 예배, 기도, 성경공부, 성례전, 봉사 또는 교회에서의 교제 등 신앙생활의 모든 측면이 조명자료와 연결된다는 것입니다.

이 조명자료는 단순히 신앙생활에서 하나의 자료로서 끝나는 것이 아니라 내담자의 삶을 재해석해주고 내담자의 삶에 성경 말씀을 적용시켜주는 채널이 되는 것입니다.

조명자료 발견 상담 사례

상담자 호세아의 이야기에서 느낀 것을 한 문장이나 한 단어로 표현한다면 무엇이라고 할 수 있을까요?

내담자 사랑이에요. 하나님의 사랑이에요. 하나님께서는 부족하고 연약한 나를 찾아오셔서 여전히 나를 사랑하시잖아요. 저는 호세아서를 통해 나를 향하신 하나님의 사랑을 느껴요. 남편을 사랑하는 마음을 느끼는 것보다는요. 그냥 저를 향해서, 제 영혼을 맡길 수밖에 없는 그 마음……. 내가 너를 사랑하니까 너를 믿으니까.

상담자 하나님께서 자매님을 향해 '내가 너를 사랑한다. 너를 믿는다. 너밖에 없는데 어떻게 하냐? 나를 위해서라도 좀 해줄 수밖에 없지 않느냐?' 하는 하나님의 사랑의 마음을 느끼시는군요?

내담자 네, 그런데 저도 남편의 영혼이 불쌍해서 하나님께서 나에게 남편을 맡기는 마음도 알지만 때로는 제 마음이 더 아파오는 것 같아요. 아픈 마음이랑 하나님을 사랑하는 마음이랑 똑같은 무게로 오는 것 같아요. 하나님의 뜻을 아니까…….

상담자 이 조명자료를 축약시켜서 제목이나 이름을 붙인다면 무엇이라고 할 수 있겠습니까?

내담자 모든 것을 문장하나로 다 표현할 수 있을 것 같아요. '내가 너를 사랑한다.'

성경 이야기가 내담자 자신의 이야기로 바뀌면서 깨닫게 되는 성경의 진리가 바로 조명자료입니다. 이 조명자료는 내담자의 삶에 의미를 부여하게 됩니다. 상담자는 내담자에게 이 메시지에 제목이나 이름을 붙이게 함으로 내담자로 하여금 그 성경 진리를 오랫동안 구체적으로 기억하게 합니다.

호세아서의 성경 이야기가 '자매'의 이야기로 바뀐 것은 '자매'가 선지자 호세아를 통해 자신을 향한 하나님의 사랑을 발견했기 때문입니다. 이것이 '자매'에게 있어서의 조명자료입니다. 이때 상담자는 내담자인 '자매'가 발견한 조명자료를 명료화하면서 그것에 제목이나 이름을 붙이게 하였습니다. 내담자인 '자매'가 인력 탐구를 통해 새롭게 발견한 성경 이야기의 전체적인 느낌과 메시지를 축약한 제목은 '내가 너를 사랑한다'는 것이었습니다. 이제 '자매'는 새롭게 발견한 '내가 너를 사랑한다'라는 조명자료를 기억하고 회상하게 될 것입니다.

상담자 '내가 너를 사랑한다.'

내담자 하나님이 나를 사랑하시니까 가장 좋은 것으로 주실 것이라고 전적인 신뢰가 생기는 것 같아요.

상담자 '내가 너를 사랑한다'는 그 말 속에 모든 것이 들어 있는 것 같네요. 언제든지 자매님이 '내가 너를 사랑한다'는 것을 기억만 하고 있으면 모든 것이 쫙 연결이 될 것 같아요.

내담자 네. 그런데 사랑만 가지고는 제가 남편을 버렸을 것 같아요. 그 사랑만 가지고는, 제 속에 있는 사랑의 이미지만 가지고는 남편을 예전에 내쳤을 거예요.

상담자 호세아서를 읽으니 하나님께서 고멜을 참 불쌍히 여겼다는 것을 새롭게 깨닫게 되신 것 같네요.

내담자 제가 제 모습을 보았을 때 남녀 간의 그 사랑만 가지고는 이것을 할 수 없었을 것 같아요. 남녀 간의 사랑 안에는 동등함만이 있었는데, 제가 호세아를 통해 하나님 안에서 발견한 긍휼 때문에 돌이키는 것 같아요. 사랑 안에 긍휼이 있는 것 같아요. 그 사랑 안에 긍휼히 여기는 마음이 없으면……. 정말 하나님께서 우리를 사랑하시는구나. 정말로 불쌍히 여기시는구나……. (울먹임, 침묵)

상담자 자매님과 남편을 향한 하나님의 사랑으로 인해 남편을 긍휼 가운데 사랑하고 있는 것 같네요.

상담자 정말로 사랑하지 않으면, 정말로 그 짐을 지기 싫었거든요. 계속 기도하면서 제가 계속 버티고 있는 것을 보면서, 예수님이 십자가의 짐을 지지 않으시려고 땀방울이 핏방울 되도록 기도하셨던 것처럼. 그래도 질 수밖에 없고 그래도 져야 되는 몫인 것 같아요. (침묵, 울먹임, 30여 초) 이것을 하면서 하나님의 사랑이 얼마나 더 깊은지, 넓은지, 모든 것을 다 품을 수 있는 것인지 정리가 된 것 같아요. 사랑 긍휼 등 모든 것을 품는 마음……

상담자 '내가 너를 사랑한다'는 그것이 그 모든 아픔과 감격을 요약할 수 있는 조명자료가 되는 것 같네요.

호세아의 성경 이야기가 '자매'의 삶의 이야기로 바뀐 것은 하나님께서 고멜을 향해서 긍휼히 여기는 사랑을 자매가 깨닫게 되었기 때문입니다. 하나님께서 고멜을 사랑한 이야기가 내담자 자신에게 의미를 갖게 된 것은 남편을 하나님의 사랑 안에서 긍휼히 여겼기 때문입니다. 그녀는 사랑 안에 긍휼이 있는 것을 발견하게 되었습니다. 그녀는 사랑 안에 긍휼히 여기는 마음이 없으면 참된 사랑이 아님을 발견하게 됩니다. 특별히 그녀는 호세아서를 통해서 하나님께서 자기를 향해서 긍휼히 여기는 사랑을 발견하게 되었고, 그것이 그녀의 조명자료가 되었습니다.

그녀의 이 영적 체험은 하나님께서 예수 그리스도를 통해서 나타내신 그 사랑을 잘 표현하고 있다고 생각됩니다. 따라서 이 경험은 예수 그리스도 안에서의 참된 경험이라고 판단됩니다.

나의 슬픔에 대해서는 아무도 몰라요.

나는 40대 주부로 남편과 두 딸과 함께 살고 있습니다. 나의 개인사 중 의미 있는 부분은 임신과 출산에 대한 역사입니다. 나는 남편과 6년 연애한 후 결혼한 지 15년째로, 결혼 1년 7개월 뒤에 첫째 자녀를 출산했고, 2년 후 둘째 자녀를 임신하였는데 3개월 만에 유산하였습니다. 유산한 지 6개월 뒤에 임신한 자녀는 선천성 심장 기형으로 출산하였으나 사망하였습니다. 그 자녀가 사망한 지 1년 6개월 후에 다시 자녀를 출산하게 되었습니다. 자녀를 가지는 것 자체가 하나님의 축복이라고 생각하지만, 두 번이나 자녀를 잃은 경험은 나의 개인 역사 속에 중요한 사건입니다.

나는 나의 슬픔에 대해서는 아무도 정확히 알지 못한다고 생각했고, 나를 나 스스로 다스리는 것도 어려웠고, 무엇보다 사랑스러워야 할 둘째아이가 다루기 힘들었습니다.

성경 이야기 상담을 하면서 사무엘하 12장 1절~25절에서 처음 다윗의 이야기를 읽었을 때에는 죽은 아이를 위해 마음을 낭비해봐야 다시 돌아오지 않는다는 점에 공감하고 도움을 받았지만 새롭게 읽었을 때는 더 사랑스러운 아들을 새로 주시고 하나님이 그 아이를 사랑하여주신다는 점을 인식하게 되었습니다. 내가 둘째아이를 사랑하는지와 상관없이 하나님께서 나에게 주신 둘째아이도 솔로몬처럼 사랑하고 계심이 위로가 됩니다. 그래서 나의 조명자료는 '하나님이 사랑하시는 아이'로 정했습니다.

조명자료 강화 단계에서 찾은 이 사건과 관련된 시편 51편에서의 다윗의 고백처럼 무슨 일이 있든지 나는 하나님께 연결되어 있고 싶고, 하나님께서도 나의 그런 고백을 받고 계심을 느끼게 되었습니다. 돌이켜보면 하나님과 관계가 멀어진 것은 하나님 편에서 나를 떠나가신 것보다는 내가 하나님에 대한 관심이 멀어졌을 때가 많았던 것 같습니다. 언제나 내가 돌이켜 하나님께 나아가면 그동안 내가 떠났던 것에 대한 지적이나 거리감 없이 나를 받아들여 주셨음을 기억할 수 있습니다.

하나님께서 왜 나에게 그런 일을 경험하게 하셨는지 더 알고 싶습니다. 그런 슬프고 아픈 일을 겪었지만 내가 하나님에게 벌을 받거나 떨어져나온 것이 아니라 아직도 하나님 안에 살아가고 있다는 점이 감사합니다. 무슨 일을 겪든지 하나님 안에서 살아갈 것이고, 하나님이 허락하신 일이 나의 인생에 일어나는 것은 무엇이든 받아들일 수 있을 것입니다.

내 뜻대로 되지 않는 둘째아이에 대해서는 하나님의 사랑하시는 아이라고 생각하니 한 번 더 달래면 될 것이라는 생각과 하나님께 도움을 청하면 도와주실 것이라는 생각, 나와 아이 사이에 타협할 수 있는 다른 방법을 찾을 수 있을 것이라는 낙관적인 생각들로 격한 감정들이 일어나기 전에 마음을 다스릴 수 있는 실마리를 얻게 되었습니다.

6단계 :

조명자료 강화

1단계	2단계	3단계	4단계	5단계	6단계	7단계	8단계
문제 파악	성경 이야기 선정	서사적 읽기	인력 탐구	조명 자료 발견	조명 자료 강화	재저작	지지적 신앙 소그룹 형성

조명자료 강화 개념

내담자가 발견한 조명자료는 강화되어야 합니다. 왜냐하면 이 조명자료는 아직 명확하지 않기 때문입니다. 그래서 다른 성경적 · 신학적 자료들을 통해 이 조명자료는 더 명확해져야 합니다. 이것이 조명자료 강화입니다.

　조명자료가 발견되면 그 소재에 담긴 성경적 또는 신학적 메시지를 보다 명확하게 하고 구체화하는 작업이 중요합니다. 조명자료의 발견이 인식의 수준이라면 조명자료의 강화는 인식된 것을 확대하고 심화하는 과정입니다.

　조명자료 강화는 내담자가 선정한 조명자료를 다른 성경 이야기라든지, 설교에서 들었던 성경적이고 신학적인 메시지 등과 연결시킴으로 가능합니다. 이렇게 조명자료를 성경적이고 신학적인 메시지를 통해 확대하고 심화시켜서 내담자의 마음속에 깊이 뿌리 내리게 하는 것이 조명자료 강화 단계입니다. 다시 말하면, 이 조명자료를 점차로 확대하고 심화시켜서 이것이 내담자의 마음과 영혼 속에 깊이 뿌리 내리고 영향력을 확대할 수 있도록 만들어주는 것이 조명자료 강화 단계입니다. 조명자료 강화는 말씀을 그 마음에 심어(implant)주는 것과 같습니다. "그러므로 모든 더러운 것과 넘치는 악을 내버리고 너희 영혼을 능히 구원할 바 마음에 심어진 말씀을 온유함으로 받으라"(야고보서 1:21).

조명자료 강화 : 조명자료를 확대 · 심화시키는 과정

조명자료 강화 방법

조명자료는 강화되면 될수록 내담자가 부정적으로 보았던 자신의 삶을 긍정적이며 성경적인 삶으로 바라볼 수 있게 됩니다. 조명자료의 강화 작업은 내담자가 조명자료와 연상시킬 수 있는 성경 말씀이나 성경 이야기, 찬송가 등을 찾아보게 하는 것입니다. 이렇게 함으로써 내담자는 영혼의 이야기를 해석하고 확장해나갈 수 있습니다.

조명자료 강화 단계는 하나의 영적이면서 초현실적인 경험을 담고 있는 조명자료를 점차로 내담자의 구체적인 삶과 연결시켜주는 것이라고 할 수 있습니다. 인력 탐구에서 발견한 내담자의 깨달음이나 통찰은 구체적으로 내담자의 삶과 연결이 되지 않으면 환상으로 끝나버릴 경우가 많습니다.

따라서 조명자료 강화는 내담자 자신이 체험하고 깨달은 영적인 메시지나 체험을 구체적인 삶과 연결 또는 적용시켜주는 과정이라 할 수 있습니다. 내담자는 이러한 과정을 통해 영적인 체험이 단순히 한순간이 비현실적인 체험으로서 끝나는 것이 아니라, 자신의 매일의 삶이나 신앙생활의 여러 경험의 단면과 연결시키거나 적용할 수 있습니다. 현실적으로 조명자료가 강화될수록 내담자는 자신의 삶을 재저작하기가 쉬워집니다. 조명자료의 강화는 다양한 방법으로 할 수 있습니다.

기독상담영성연구소나 대학원에서 성경 이야기 상담 임상실습 시간에 효과 있는 조명자료 강화로서 많은 내담자들이 찬송가를 선택하였습니다. 내담자가 영적인 체험을 하게 되면 그 체험이 메시지인 성경말씀으로만 끝나지 않고, 마음과 영으로 찬양하는 찬송가와 연결을 많이 하게 됩니다. 새롭게 발견된 조명자료가 찬송가와 연결이 되면 그 내담자는 그 찬송을 계속 부르게 됩니다. 내담자는 그 찬송을 일상생활 속에서 계속 부르게 됨으로 자신이 찾았던 조명자료를 회상할 수 있고, 또 일상의 삶에서 기억할 수 있다는 점에서 찬송가가 조명자료 강화의 유익한 방법 중 하나입니다.

요약하면, 내담자가 인력을 느낀 부분에서 성경적인 메시지를 찾는 것이 조명자료 발견 단계입니다. 내담자가 발견한 이 조명자료는 순간적이면서 초현실적인 것들을 내포하고 있기 때문에 조명자료를 지속시키고 강화시키기 위해서는 내담자가 알고 있는 성경 이야기나 신학적인 메시지, 또는 과거에 자신이 체험했던 영적인 체험 등과 연결시키는 것이 필요합니다. 내담자는 특히 조명자료와 관련이 되는 찬송가를 찾고 그것을 통해서 조명자료를 더 확장시키고 심화시킬 수 있습니다.

조명자료 강화 질문

조명자료 강화 질문은 조명자료를 강화하는 자료를 찾되 그 초점이 발견된 조명자료에서 벗어나지 않도록 하여야 합니다. 조명자료 강화의 출발점은 조명자료를 압축하거나 요약한 조명자료의 제목이나 이름입니다. 다시 말합니다. 조명자료 강화는 조명자료에 대한 성경적 확대 또는 심화작업이기 때문에 압축된 조명자료를 풀어나가는 과정입니다.

조명자료를 강화하는 순서는 먼저 조명자료와 연관되는 다른 성경 이야기에서부터 시작하는 것이 효과적입니다. 그다음에 성경 구절 그리고 찬송가 또는 복음송가 등의 순서로 하는 것이 효과적입니다.

조명자료를 강화하는 소재는 가장 먼저 조명자료와 연관되는 다른 성경 이야기를 찾는 것이 효과적입니다. 상담자는 내담자에게 조명자료의 제목과 유사한 다른 성경 이야기를 찾아서 서술하도록 합니다. 내담자가 하나의 이야기를 서술하였다면 상담자는 내담자에게 유사한 다른 성경 이야기를 찾아서 서술할 수 있도록 합니다. 이러한 과정을 반복해서 하면 더욱더 좋습니다.

조명자료와 유사한 성경 이야기를 찾으면 찾을수록 조명자료는 더욱더 강화되는 것입니다. 그러므로 상담자는 내담자에게 한두 개의 성경 이야기가 아니라 찾을 수 있는 데까지 찾아서 그 이야기를 서술할 수 있도록 도와주어야 합니다.

내담자는 아래와 같은 조명자료 강화 질문을 통해 조명자료의 제목과 유사한 성경 이야기를 찾아서 서술합니다. 이러한 과정을 통해 강화된 조명자료는 내담자의 삶에 적용되어가고, 체화되어갈 것입니다. 내담자는 조명자료의 제목이나 이름과 관련된 다른 성경 이야기를 서술할 수 있는 데까지 해보시기 바랍니다. 그러면 자신도 모르게 조명자료가 마음에 아로새겨지게 될 것입니다.

📖 조명자료와 관련된 성경 이야기를 찾는 질문

"당신 생각에 (조명자료에서 붙인 이름)……와 관련된 성경 이야기가 있습니까?"

내담자는 조명자료와 관련된 성경 이야기를 찾으면 됩니다. 예를 들어, 내담자가 조명자료에 붙인 이름이 '하나님의 계획하심'이면 조명자료 강화에서는 '하나님의 계획하심'과 관련된 성경 이야기를 찾으면 됩니다. 상담자는 찾은 성경 이야기를 내담자가 다시 이야기하게 하는 것이 효과적입니다.

"그 성경 이야기를 들려줄 수 있습니까?"

● 조명자료와 관련된 다른 성경 이야기를 찾는 질문

"당신 생각에 (조명자료에서 붙인 이름)……와 관련된 성경 이야기가 있습니까?"

"그 성경 이야기를 들려줄 수 있습니까?"

● 조명자료와 관련된 또 다른 성경 이야기를 찾는 질문

"당신 생각에 (조명자료에서 붙인 이름)……와 관련된 성경 이야기가 있습니까?"

"그 성경 이야기를 들려줄 수 있습니까?"

● 성경 이야기를 삶에 적용하는 질문

"이 성경을 이야기하면서 당신에게 일어나는 생각이나 느낌은 무엇입니까?"

　　내담자는 조명자료의 이름과 관련된 성경 이야기를 찾을 수 있는 데까지 찾습니다. 상담자는 내담자가 조명자료를 성경 이야기로 충분히 강화하였다고 생각이 되면, 그다음으로 조명자료의 이름과 관련된 성경 구절을 찾게 합니다. 이때 상담자는 내담자가 조명자료와 관련된 성경 이야기를 찾는 것과 같이 성경 구절도 찾을 수 있는 데까지 충분히 찾도록 합니다.

● 조명자료와 관련된 성경 구절을 찾는 질문

"당신 생각에 (조명자료에서 붙인 이름)……와 관련된 성경 구절이 있습니까? 있다면 그 성경 구절은 어떤 내용입니까?"

● 조명자료와 관련된 다른 성경 구절을 찾는 질문

"당신 생각에 (조명자료에서 붙인 이름)……와 관련된 성경 구절이 있습니까? 있다면 그 성경 구절은 어떤 내용입니까?"

- 조명자료와 관련된 또 다른 성경 구절을 찾는 질문

"당신 생각에 (조명자료에서 붙인 이름)……와 관련된 성경 구절이 있습니까? 있다면 그 성경 구절은 어떤 내용입니까?"

- 성경 구절을 삶에 적용하는 질문

"이 성경 구절을 말하면서 당신에게 일어나는 생각이나 느낌은 무엇입니까?"

- 조명자료와 관련된 찬송가를 찾는 질문

조명자료와 관련된 찬송가나 복음송가를 찾으면 그것을 함께 부르면 효과적입니다.

"조명자료와 관련된 찬송가 또는 복음송가가 있습니까? 있다면 어떤 가사가 마음에 와 닿습니까?"

"조명자료와 관련된 다른 찬송가나 복음송가가 있습니까? 있다면 어떤 가사가 마음에 와 닿습니까?"

● 찬송가를 삶에 적용하는 질문

"찬송가를 부르면서 당신에게 일어나는 생각이나 느낌은 무엇입니까?"

● 강화된 조명자료 내면화하기

강화된 조명자료에 대해 상징이나 그림으로 표현하게 하는 것은 조명자료를 이미지화하여 내면화하고자 하는 것입니다. 강화된 조명자료가 내면화 되면 삶에 새로운 이야기를 역동적으로 적용할 수 있도록 할 것입니다. 그러나 강화된 조명자료에 대해 반드시 상징이나 그림으로 표현해야 하는 것은 아닙니다. 이것은 선택적으로 할 수 있는 것입니다. 만약에 강화된 조명자료와 관련된 이미지나 상징이 없다면 하지 않아도 됩니다.

"이것(강화된 조명자료)을 상징이나 그림으로 나타낸다면 어떻게 표현할 수 있습니까?"

"그 의미는 무엇입니까?"

조명자료 강화 상담 사례

내담자인 '자매'는 호세아를 통해서 조명자료로 '내가 너를 사랑한다'라는 말씀을 찾았습니다. 아래에서는 이 조명자료를 강화하는 상담 사례를 살펴보겠습니다.

상담자 호세아서를 통해 새롭게 발견한 조명자료로 하나님께서 '내가 너를 사랑한다.'라고 말씀하셨는데, 혹시 이 말씀과 관련되어 떠오르는 성경 이야기나 성경 구절이 있습니까?

내담자 저는 호세아서를 통해 예수님께서 나를 향하신 사랑을 느껴요.

상담자 예수님의 사랑이라고 할 때 가장 마음에 강하게 와 닿는 부분이 있을 텐데 그 부분이 무엇인지요?

내담자 예수님께서 십자가에 달리시기 전에 겟세마네 동산에서 땀방울이 핏방울이 되도록 기도하는 모습이 가슴에 와 닿아요. 예수님의 땀방울이 핏방울이 되도록 기도하는 그 모습이, 그래서 예수님이 그렇게 기도했구나. 예수님도 그러셨구나. 십자가에 달리신 예수님이 나를 긍휼히 여기는 그 큰 사랑으로 나도 십자가에 달릴 수 있겠다는 생각을 했어요.

상담자   그런 부분에 이름이나 제목 또는 어떤 상징이나 그림을 생각해보시면 어떤 것이 떠오릅니까?

내담자   상징이라고 하면요. 십자가……. 십자가……. (나지막이) 예수님이 십자가에 박혀서 저를 바라보는 그 눈빛. 그 눈빛…….

    상담자는 '내가 너를 사랑한다'는 조명자료로 내담자의 마음속에 떠오르는 느낌이나 생각을 상징이나 그림으로 표현하게 합니다. 상담자는 내담자로 하여금 조명자료를 강화한 것에 상징이나 제목을 붙이게 합니다. 우리는 쉽게 잊어버릴 수도 있으므로 그것을 상징이나 제목을 붙여서 오랫동안 기억하고 회상하게 하는 것입니다. 내담자가 그것을 그렇게 기억하면 오랫동안 상담할 때의 그 느낌이 들고 생각이 나게 됩니다. 이렇게 하면 내담자가 체험했던 것들을 더 구체적으로 느낄 수도 있고, 필요하면 그것을 내담자가 가지고 다니면서 어려울 때 보면 상담 때 느꼈던 느낌이 강하게 나기 때문에 문제 해결에 큰 도움을 받을 수 있습니다. 내담자인 '자매'는 십자가나 십자가에서 '자매'를 바라보는 예수님의 눈빛을 그려놓고 그 밑에 '내가 너를 사랑한다.'는 글을 써넣으면 됩니다. 내담자의 이 십자가 환상은 내담자를 위한 예수 그리스도의 희생과 고난을 잘 나타내고 있기 때문에 건전한 영적 체험이라 할 수 있습니다.

상담자   '십자가 위에서의 눈빛'이라는 의미는 무엇인가요?

내담자   제 머릿속에 환상으로 남아 있는 것인데요. 예수님이 저에게 맡길 수밖에 없는 그 눈빛을 묵상하면 그냥 아파오는 것 같아요.

상담자   예수님의 눈빛 속에서 남편을 맡길 수밖에 없는 마음을 읽을 수 있다는 것이네요.

내담자 남편을 사랑하는 마음을 느끼는 것보다는요. 그냥 저를 향해서, 저 영혼을 맡길 수밖에 없는 그 마음……. 내가 너를 사랑하니까 너를 믿으니까.

상담자 그러면 가장 간단하게 기억나게 할 수 있다면 그것은 예수님이 십자가에서 나를 바라보는 눈빛 또는 예수님이 나밖에 없다고 맡기시는 그 마음, 그런 것들이 가장 깊은 상징이나 표현이 되겠군요?

내담자 사진으로 보면 그것은 한 컷이고 그 속에 '내가 너를 사랑한다'는 말씀이 있어요.

상담자 내가 너를 사랑한다는 그 말씀 속에 예수님의 십자가에 달리신 모습과 눈빛, 나에게 너밖에 없다는 그런 마음과 환상이 호세아까지 연결이 될 수 있겠네요.

내담자 이 모든 것은 문장 하나로 다 표현될 수 있을 것 같아요. '내가 너를 사랑한다.'

상담자 '내가 너를 사랑한다.'

내담자 하나님이 나를 사랑하시니까 가장 좋은 것으로 주실 것이라고 전적으로 신뢰가 될 것 같아요.

상담자 조명자료인 '내가 너를 사랑한다'와 유사하거나 떠오르는 성경 이야기나 성경 구절은 있습니까?

내담자 네, 제가 상담실에 오면서 정리를 하였는데 신명기 8장이 떠올랐을어요. 네, 열조도 알지 못하는 자에게 만나를 먹게 하였는데……. 결론은, 너를 낮추시고 너를 시험하사 말씀을 지키는지 아니 지키는지 알려고 하려는 것이라고 하였어요. 이사야서에서도 주셨던 말씀들이 토막토막으로 되어 있었는데, 이번에는 마음으로 정리가 된 것 같아요.

상담자 네. 마음으로 죽 정리가 되었군요.

내담자 그때그때 힘들 때마다 하셨던 말씀들이 '내가 너를 지명하여 불렀나
니 너는 내 것이라 물이 너를 침몰치 못하며 …….' 그때 굉장히 두
려울 때 이 말씀을 주셨거든요. (울먹임)

상담자 네.

내담자 그러면서 옛날 일을 생각하면서 너무 힘들어할 때에 너무 힘들어
서……. (울먹임) 이전의 일들을 너무 힘들어할 때에 너는 이전 일을
기억치 말며 옛적 일을 생각지 말라 광야가 길 되고 사막이 강이 될
것을 믿지 못하겠느냐 하면서 결국 내가 너를 찬양하게 할 것이라
는 그 말씀을 주셨거든요.

상담자 네.

내담자 그때그때마다 하나님이 적절한 말씀을 주셨어요.

상담자 하나님께서는 처음부터 함께하셨다는 말씀이네요?

내담자 네. 하나님은 처음부터 믿게 하셨어요. 그러면서 하나님이 만나주
셨어요. 하나님을 만난 지 1주일 만에 하나님이 어디 계시느냐고 하
였는데, 초등학교 때 불렀던 찬양이 생각났어요. 줄곧 지금까지 쉬
지 않고 달려온 것 같아요.

상담자 광야 길을 쉬지 않고 달려오셨네요. 그러면 초등학교 때 불렀던 찬
양이 무엇입니까?

내담자 434장이에요. "나의 갈길 다가도록."

상담자 네.

내담자 그때 2절인가 "어려운 일 당할 때 나의 믿음 적으나 족한 은혜 주시
네……." 그 찬양을 부르는 데 (가슴을 가리키면서) 하나님이 여기

에 계시더라고요.

상담자　상담을 돌아보니까 처음에 자매님이 어려운 문제들을 다 이야기하셨는데 그 문제들에 대해서 하나님께서 이 새로운 빛으로, 새로운 깨달음으로 보게 하셨군요. '내가 너를 사랑한다'고 십자가에서 말씀하시고. 또 하나님께서 사랑하기 때문에 '너에게 이러한 것을 맡긴다'고 하셨지요. 남편을 맡기는 데 자매님은, 마음이 너무 힘들고 고통스러워서 '왜 내가 해야 합니까?'라고 질문을 하면서 거부도 하였지요. 그때 자매님은 예수님께서 겟세마네 동산에서 기도하시는 모습을 기억하셨잖아요. 예수님도 얼마나 십자가 지시기가 힘들었겠어요. 그러니까 세 번씩이나 '내가 하지 않으면 안 됩니까?'라고 질문을 하셨잖아요. 할 수 있으면 안 하게 해주십시오. 그만큼 십자가 지시기가 싫고 힘들고 고통스러웠잖아요. 그러한 예수님의 마음을 자매님이 느끼시고, 자매님께서 남편을 사랑하는 것을 하나님께서 자매님을 사랑하심을 받아들인 후에 하나님이 남편을 맡기시는 것을 아셨잖아요. 남편 문제에 대해서 하나님께서 "내가 너를 사랑한다. 너밖에 맡길 사람이 없다."라고 그렇게 이야기하셨잖아요. 그래서 남편을 마음속으로 받아들였다고나 할까? 자매님이 조명자료를 받은 이후에 받은 이 모든 성경 말씀과 찬송가들이 조명자료를 강화시켜주셨네요.

　'자매'가 선정한 성경 이야기는 호세아서였습니다. 내담자가 호세아를 읽으면서 인력이 끌린 부분은 호세아 선지자가 창기인 고멜을 아내로 맞이하는 장면이었습니다. '자매'가 맨 처음 이 장면에 끌린 것은 하나님의 명령 때문에 호세아가 고멜을 아내로 맞이했기 때문이었습니다. 이 부분에 대해 인력을 탐구하였을 때, '자매'는 호세아 선지자가 단지 하나님의 명령 때문에 세 자녀를 둔 후에 집을 나간 아내를 찾아오는 것이 아니라 하나님께서 아내를 긍휼히 여기는 사랑 때문이라는 사실을 발견하였습니다.

호세아의 주제는 하나님께서 고멜로 상징되는 이스라엘을 사랑하시는 것입니다. 그래서 자매는 하나님의 명령 안에 있는 하나님의 긍휼을 깨닫고 남편을 그런 마음으로 볼 수 있었습니다. 이러한 인력 탐구를 통해 그녀가 붙인 제목은 '내가 너를 사랑한다'였습니다. 이것이 그녀에게는 성령께서 조명하여준 조명자료가 되었습니다.

성령께서 그녀에게 조명하여준 자료인 '내가 너를 사랑한다'는 것과 유사한 성경 이야기로 겟세마네 동산에서의 예수님과 십자가에서의 예수님의 눈빛, 신명기에서 나오는 이야기 가운데 광야에서 만나와 메추라기로 이스라엘 백성들을 보호하는 하나님의 사랑, 이사야에서의 물 가운데로 지날 때에도 늘 함께 계시는 하나님의 사랑 이야기, 찬송가 434장 2절의 "어려운 일 당할 때 나의 믿음 적으나 족한 은혜 주시네……" 등이 조명자료를 강화하는 성경 이야기와 찬송가였습니다.

그녀는 강화된 조명자료를 통해 남편의 영혼을 자매에게 맡길 수밖에 없는 하나님의 마음을 새롭게 알게 되었습니다. 그리고 그녀는 남편을 용서하고 받아들이는 것은 하나님의 명령 때문이 아니라 하나님의 사랑으로 남편을 긍휼히 여기면서 사랑하는 마음 때문이라고 하였습니다.

조명자료 강화 상담을 마치고 난 후
'자매'의 마음 기술

"말하면서 정리를 또 한 번 한 것 같아요. 숙제가 한 주로 끝난 것이 아니었어요. 말씀을 묵상하면서 하나님의 마음이 무엇일까? 예수님은 어땠을까? 생각하게 되었어요. 호세아 1장 2절을 넘어가고 난 다음에 생각이 든 것은 내가 이렇게 힘든데 예수님은 어땠을까? 십자가에 박히실 때까지 예수님의 그 마음을 조금 알 것 같아요. 내가 인정하고 싶지 않은 것이 힘들었던 것 같아요. 그냥 해결한 것처럼 어쩔 수 없이 밀쳐놓고 지냈어요. 남편을 사랑하고 있는 그 마음을 인정하는 것이 정말 힘들었던 것 같아요. 십자가를 지는 것보다 더 힘들었던 것 같아요. 그 문제들이 나를 삼켜버릴까봐 겁이 나서 만족하면서 그렇게 살아가는데……. 예수님이 십자가를 지신 것처럼, 인정하고 싶지 않았지만 인정하고 나니 홀가분해요. 내 속에 그것이 있는 줄 몰랐는데 인정을 하고 나니 훨씬 홀가분해진 것 같아요. 이야기를 하면서, 말하면서 저 혼자 정리가 된 것 같아요."

내 길 더 잘 아시는 아버지

나에게는 물질 문제가 있습니다. 집안 살림은 남편의 적은 월급으로 늘 빠듯하고 늘 경제적으로 적자 상태입니다. 그래서 우리는 경조사 때 아예 사람 구실 못합니다. 또한 늦게 시작한 공부에 필요한 비용을 낼 여유가 없습니다. 하나님께서 나와 함께하심으로 열심히 공부하고 있긴 하지만 그러나 가끔 원망스럽고 짜증납니다. 주위 사람들에게 부끄럽기도 합니다. 이런 환경 가운데 공부하고 있는 내가 과연 올바른가? 비현실적인 태도는 아닐까? 스스로에게 질문하며 늘 웃어도 일상이 매우 힘이 듭니다.

성경 이야기 상담을 할 때 나는 창세기 37~41장 말씀을 선택하여 읽었습니다. 이 말씀 가운데 자녀를 또 잃어버릴까 두려워하는 야곱, 기근 중에 양식을 구해야만 하는 절박한 생존의 문제가 나의 상황과 동일하였습니다. 그런 가운데 두려움 가운데 전능하신 하나님을 신뢰하고 결단하는 야곱의 믿음의 선포는 강하게 내 맘을 사로잡았습니다.

야곱을 통해 하나님께서 말씀하셨습니다. "전능하신 하나님께서 그 사람 앞에서 너희에게 은혜를 베푸사 그 사람으로 너희 다른 형제와 베냐민을 돌려보내게 하시기를 원하노라. 내가 자식을 잃게 되면 잃으리로다" (창 43:14). 하나님은 아들에 대한 두려움도 결핍과 가난의 문제도 다 알고 계셨습니다. 하나님은 '내려놓으라고. 아버지가 내 길을 더 잘 아신다'고 하시면서 나를 더 훈련시키어 온전하게 구비하여 조금도 부족함이 없게 하려 하심을 알게 되었습니다.

나는 하나님의 뜻에 맞는 삶, 하나님이 나를 보내신 뜻대로 새로운 삶을 살아야 합니다. 하나님은 다 알고 계십니다. 하나님은 나의 삶을 단편으로 쓰지 않으시고 대서사시로 끝을 맺으실 것을 깨닫게 하셨습니다.

나는 '나의 문제가 과연 요셉 이야기를 통해 해결될까?'라는 의심도 생겼습니다. 그래서 그냥 성경 이야기 상담 공부를 열심히 해보자는 식으로 소그룹 모임에 참여했습니다. 나는 성경 이야기 상담 중에 인력 탐구와 조명자료 발견하기를 하면서 성령의 임재를 강하게 느꼈습니다. 나는 그때부터 하나님께 기도하며 성령의 음성을 듣기 시작했습니다. 그야말로 기대 이상이었습니다. 내가 생각지도 않던 곳에서 조명자료 강화를 성령님이 발견하게 하십니다. 이것은 정말 놀라운 일입니다. 내가 산책을 할 때에도, 영화를 볼 때에도, 오래전 꿈을 기억나게 함 등의 여러 가지 경로를 통해 하나님은 나에게 말씀하셨습니다. 나는 지금까지 나의 삶의 문제에 두 가지로 요약되는「두려움과 물질 문제」(늘 동일한 문제)가 있었음을 처음으로 발견하게 되었습니다.

이 문제들이 내 삶 전반에 있었지만 그때마다 하나님이 함께하셨습니다. 그러면서 그 문제들은 언제나 최상의 방법으로 해결되었습니다. 나는 그 문제를 통하여 하나님이 일하셨음을 보았습니다. 내가 생각지도 못한 더 좋은 길로 인도하셨던 하나님의 섭리에 놀라울 따름입니다.

정말 나는 믿음이 없었음을 재발견했습니다. 나의 과거, 먼 과거, 더 먼 과거, 아주 먼 과거……, 거슬러 올라갈수록 하나님이 내 길을 더 잘 아시고 인도하신 그 여정들을 보며 경이롭습니다.

여기에 다 쓰지 못한, 넘치는 하나님의 인도와 사랑에 가슴이 먹먹합니다. 특히 심장수술하게 하심과 오늘 이 길로 인도하심……. 앞서 가시고 최상을 준비하신 하나님을 욥의 고백처럼 이젠 눈으로 주를 뵙습니다.

내 앞에 아직 두려움과 물질 문제는 풀리지 않고 수시로 내 맘을 흔들고 있습니다. 하지만 재저작 작업을 하며 잠시도 내 곁을 떠나지 않았던 하나님 아버지의 큰 사랑을 보았습니다. 난 이제 두렵지 않습니다. 걱정하지 않을 것입니다. 이 고통의 훈련을 통하여 상처 입은 치유자로 나를 사용하실 그 큰 그림, 대서사시의 큰 그림을 보았습니다. 「내 길 더 잘 아시는 아버지」를 따라 소망 가운데 묵묵히 따라가리라. 먹구름이 다가와 태양을 가려도 만물을 주관하시는 주님의 섭리를 신뢰하기에, 고개를 들고 어두운 마음을 열어 크신 주님의 능력을 바라봅니다. 할렐루야!!!!

7단계 :

재저작

08

1단계	2단계	3단계	4단계	5단계	6단계	7단계	8단계
문제 파악	성경 이야기 선정	서사적 읽기	인력 탐구	조명 자료 발견	조명 자료 강화	재저작	지지적 신앙 소그룹 형성

재저작 개념

조명자료 강화 단계가 끝나면 재저작을 하게 됩니다. 재저작은 강화된 조명자료를 가지고 내담자의 과거-현재-미래를 새롭게 구성하는 것입니다. 내담자의 삶 전체를 강화된 조명자료를 가지고 새롭게 바라보는 것을 재저작이라고 합니다.

재저작은 재진술이라고도 할 수 있습니다. 재저작은 내담자가 자신의 삶을 다시 쓴다는 의미입니다. 상담자와 내담자가 서로 도와서 이야기를 할 때는 재진술이라고 할 수 있습니다. 다시 말하면, 재저작은 내담자가 발견한 조명자료와 강화된 조명자료를 가지고 내담자의 삶을 다시 새롭게 이야기하는 것입니다.

165

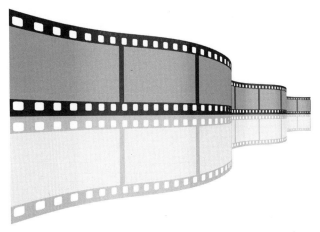

삶을 새롭게 이야기하기

재저작은 강화된 조명자료를 가지고 내담자의 삶에 적용하는 것입니다. 내담자의 삶은 보통 시간적으로 인식이 됩니다. 일반적으로 사람들이 자신의 삶을 이야기할 때 연대기적인 순서를 가지고 이야기하게 됩니다. 그래서 삶의 이야기는 과거와 현재 그리고 미래로 나아갑니다. 삶의 이야기는 과거, 현재, 미래라는 시간의 일직선상에 놓여 있습니다. 삶이 시간적인 선상에 있는 것처럼 내담자의 삶을 과거와 현재에 대해 조망해보고, 그리고 미래에 대하여 새롭게 전망해봄으로써 내담자는 자신의 삶을 새롭게 바라볼 수 있게 됩니다.

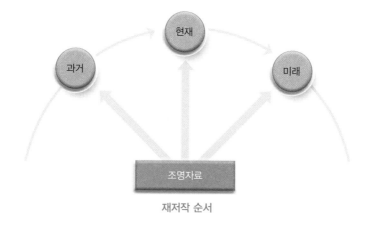

재저작 순서

그러나 조명자료의 성격이나 강도에 따라서 순서는 달라질 수 있습니다. 예를 들면, 조명자료가 잘 적용되는 사건이 먼 과거에 있다면 그것부터 먼저 진술할 수 있습니다.

재저작 방법

재저작은 조명자료를 강화한 뒤 자신의 삶을 강화된 조명자료로 새롭게 이야기해봄으로 문제에 대한 새로운 관점을 갖게 하는 과정입니다. 따라서 상담자는 내담자에게 자신의 삶을 조명자료로 새롭게 조명한 뒤, 현재 내담자가 겪고 있는 문제를 새로운 관점에서 기술해보도록 합니다.

이때 상담자는 내담자에게 자신의 삶의 이야기에서 등장인물, 사건, 배경 및 플롯을 확인하게 하고, 내담자가 삶을 이야기할 때에는 새로운 관점으로 상세하게 기술하도록 도와주어야 합니다. 또한 이야기는 시간의 흐름을 가지고 있기 때문에 삶을 새롭게 이야기할 때 이야기를 시간대별로 재구성해보도록 합니다. 우리의 기억은 일반적으로 최근의 기억으로부터 시작해서 거꾸로 올라갑니다. 내 안에 있었지만 인식되지 않았던 기억들을 떠올리고, 그것을 이야기하게 되면 자신의 문제에 대한 다른 이야기를 할 수 있는 방법을 찾게 됩니다.

우리는 조명자료를 통해 스스로 자신의 과거에 대한 서사(narrative)를 구성해낼 수 있으며, 이렇게 구성된 기억을 통해 현재를 변화시키고 새로운 미래를 만들어나갈 수 있습니다. 따라서 재저작할 때에는 과거, 현재, 미래의 시점에서 재구성해봅니다. 이때 시간 순서는 연대기적인(chronos) 순서인데 이야기의 성격상 유형론적인, 혹은 영적인(kairos) 순서대로 기술할 수도 있습니다. 다시 말하면 연상되는 순서가 반드시 연대기적인 시간 순서일 필요가 없다는 것입니다.

이와 같이 내담자가 조명자료를 통해 내담자의 삶에 나타나는 등장인물, 사건, 배경과 플롯을 새롭게 조망함으로써, 지난 삶의 이야기에 형성된 지배적 구상을 해체시키고 새로운 지배적 구상을 만들게 됩니다.

구약성경에 있는 재저작 모델―요셉 이야기

성경에 등장하는 많은 인물들이 대부분은 영적인 체험을 통해서 조명자료를 발견하여 자신의 삶을 새롭게 쓰는 예들을 찾아볼 수 있습니다.

구약성경에서 감동을 주는 이야기 중의 하나가 요셉 이야기입니다. 창세기에 요셉 이야기가 있는데 요셉은 아버지 야곱의 사랑을 독점하다가 형들의 시기를 받아 종으로 팔려 가게 됩니다. 요셉은 애굽에서 종으로 살다가 억울하게 누명을 쓰게 되어 감옥에 갇히게 되는 일련의 불운과 불행한 사건들을 계속해서 겪게 됩니다. 이러한 삶의 질고를 당한 후 그는 감옥에서 꿈을 해몽해주는 사건으로 인해 총리가 됩니다. 그가 애굽의 총리가 되었을 때 형제들은 식량을 구하러 애굽에 내려오게 됩니다. 요셉은 식량을 구하러 애굽에 온 형제들을 극적으로 만나는 감격적인 장면이 나옵니다. 형제들은 자기들이 팔았던 동생이 애굽의 총리가 된 것을 알았을 때 얼마나 두렵고 놀라웠겠습니까? 그들은 보복을 당하지 않을까 싶어 얼마나 두려웠겠습니까?

요셉은 이렇게 놀라움과 두려움에 떨고 있는 형들을 보면서 그들에게 들려주는 이야기

꿈을 해몽하는 요셉

가 있습니다. 그 이야기는 창세기 45장 7~8절에 소개되고 있습니다. 이 이야기에서 요셉은 다음과 같이 말하고 있습니다. "하나님이 큰 구원으로 당신들의 생명을 보존하며 당신들의 후손을 세상에 두시려고 나를 당신들 앞에 보내셨습니다. 그런즉 나를 이리로 보낸 사람은 당신들이 아니고 바로 하나님이십니다."

요셉은 형들에 의해 상인들에게 팔려 종이 되었을 때에도, 보디발의 아내의 모함으로 감옥에 갇혔을 때에도 그는 자신에게 일어나고 있는 삶의 고통과 불행을 이해할 수 없었을 것입니다. 요셉은 고난과 역경을 당하고 있는 자신의 삶을 이해할 수 없는 가운데 감옥에서 꿈을 해몽하게 됩니다. 요셉이 꿈을 해몽할 수 있었던 것은 하나님께서 그와 함께하셔서 형통하게 하시

는 증거였습니다. 곧 하나님은 당신이 요셉과 함께하시고 있다는 것을 나타내시고 있는 것입니다. 요셉은 꿈을 해몽하는 사건으로 애굽에서 총리가 되는 과정을 통해 하나님께서 이 모든 것을 섭리하고 있다는 것을 깨닫게 되었습니다.

여기서 요셉은 자기를 팔았던 형들을 원망하고 증오했던 마음이 변화되어 형들을 용서하고 수용하게 됩니다. 그의 마음이 변화된 것은 하나님께서 자신을 통해 만민의 생명을 구원하시고자 하는 뜻을 깨닫게 된 것입니다. 결국 요셉은 자신의 과거 삶에서부터 현재에 이르기까지 모든 삶을 하나님의 섭리를 통해서 새롭게 바라보게 됩니다. 요셉은 하나님의 섭리로 자신의 삶을 새롭게 저작하게 된 것입니다. 요셉은 자신의 과거에 일어났던 모든 불행과 슬프고 고통스런 사건을 하나님의 뜻 안에서 새롭게 해석한 것입니다. 이것이 구약에 나오는 재저작의 모델이라고 할 수 있습니다.

요셉이 여기서 발견했던 조명자료라고 한다면 하나님의 섭리, 하나님의 구원계획이라고 할 수 있습니다. 요셉은 하나님의 섭리라는 조명자료를 통해 과거의 삶을 다시 한 번 새롭게 조망함으로 형들이 판 것이 아니라 하나님께서 형들을 통해서 자신을 이곳에 보내시고 궁극적으로는 자신이 형들의 후손들과 아버지와 모든 가족을 구원하기 위해서 이곳에 보내진 것을 새롭게 깨달은 것입니다.

이러한 조명자료를 통해 요셉은 앞으로 애굽 땅에 닥칠 기근 속에서 아버지와 형제들 그리고 후손들을 잘 보존하여 궁극적으로는 자신을 통해서 하나님의 구원역사를 이루어나가는 비전을 보게 된 것입니다. 요셉은 자신의 삶에서 일어난 사건을 통해서 하나님께서 세우신 뜻을 발견함으로 자기 삶을 새롭게 쓰게 된 것입니다.

하나님의 뜻을 새롭게 발견한 요셉의 삶에는 슬픔, 고통, 원망과 증오가 있는 것이 아니라 형들을 용서할 수 있는 힘이 있게 됩니다. 이러한 일들을 통해서 그는 자신이 하나님의 뜻을 실행할 수 있다고 깨닫게 된 것입니다. 이것이 구약성경에 나타난 조명자료와 재저작의 예라고 할 수 있습니다.

신약성경에 있는 재저작 모델―바울 이야기

신약성경에도 이와 같은 좋은 예들이 있는 데, 그중 하나가 사도 바울을 통해 볼 수 있습니다. 바울은 다메섹 도상의 경험을 통해 자신의 과거 삶들을 새로운 관점으로 조망해봅니다. 바울은 다메섹 도상에서 예수 그리스도를 만난 후 어머니의 태 속에 있을 때부터 하나님께서 이 일을 위해서 자신을 선택했다고 말하고 있습니다(갈 1:15). 바울은 이러한 영적 체험을 근거로 먼 과거의 삶으로 거슬러 올라가서 자신이 이 세상에 태어나기 전부터 하나님께서 자기 자신을 선택했다고 보고 있습니다. 그는 결국 하나님께서 예수

다메섹 도상에서 예수를 만나는 바울

그리스도를 이방에 전하기 위해 바울 자신을 부르셨다고 기록하고 있습니다(갈 1:16).

그러므로 바울의 모든 삶이 다메섹 도상에서 경험했던 사건으로 인해 바뀌게 되는 것입니다. 과거의 삶으로부터 해방된 바울은 자신의 과거의 삶이 고통스러울 수밖에 없었던 이유를 깨닫게 된 겁니다. 바울이 자신이 겪었던 경험들을 매우 생생하게 기록하고 있는 부분이 있는데 바로 로마서 7장 14절에서 25절입니다. 이 부분은 바울 자신의 정서와 고뇌가 아주 생생하게 실려 있는 부분입니다.

사도 바울은 이렇게 고백하고 있습니다.

> 내가 원하는 바 선은 행하지 아니하고 도리어 원하지 아니하는 바 악을
> 행하는도다 만일 내가 원하지 아니하는 그것을 하면 이를 행하는 자는
> 내가 아니요 내 속에 거하는 죄니라(롬 7:19, 20).

그래서 사도 바울은 이런 유명한 고백을 합니다. "오호라 나는 곤고한 사람이로다. 이 사망의 몸에서 누가 나를 건져내랴"(롬 7:24). 그가 행함과 원함 사이에서 갈등에 얼마나 시달렸는지 그의 고뇌가 고스란히 우리에게 전달됩니다. 사도 바울이 고뇌의 원인을 찾게 되는데 로마서 8장에 나오는 것처럼 성령께서 바울의 삶에 오심으로 인해 그는 옛날의 자신이 왜 원하는 것을 하지 않고 원하지 않는 것을 행하는지, 자신이 끊임없이 죄를 행하는지에 대해서 새롭게 깨닫게 된 것입니다.

바울이 다메섹 도상에서 부활하신 예수 그리스도를 만나고 성령의 감동하심을 입게 되면서 과거의 삶을 한번 훑어보니 과거의 삶이 성령께서 부재하고 율법만이 함께하는 고뇌의 삶이었음을 발견하게 된 것입니다. 다시 말하면, 바울은 예수 그리스도의 만남을 통해 과거의 삶을 한번 새롭게 재조

새로운 삶의 이야기

명하면서 문제의 원인을 발견하게 된 것입니다.

요약하자면, 재저작 단계에서는 조명자료를 통해 자신의 삶을 새롭게 조명해보는데 아주 먼 과거에서부터 미래까지 재조명하여보는 것입니다. 우리가 재저작할 때 만약 강렬하거나 기억하기에 좋은 경험이 현재에 있으면 현재부터 시작해도 됩니다. 현재와 과거 그리고 미래로 나아가도 됩니다.

다시 말하면, 내담자에게 어떤 경험이 강력하게 기억되는가에 따라서 현재부터 재저작해도 되고, 가까운 과거부터 해도 됩니다. 그러나 한 가지 분명한 것은 반드시 미래를 조명해야 합니다. 우리가 조명자료로 자신의 삶을 재저작하면서 주 호소 문제를 새로운 관점에서 바라보는 것은 새로운 미래를 개척하기 위한 것입니다.

재저작 질문

재저작 대화를 할 때 유용하게 사용할 수 있는 질문은 '누가, 무엇을, 언제, 어디서, 어떻게'와 같은 질문들입니다. 특히 상담자는 '무엇'과 '어떻게'라는 질문을 통해 내담자가 자신의 삶의 이야기를 새롭게 조망하도록 도와주어야 합니다. 이렇게 할 때 내담자는 자신이 만족해하는 사건과 경험에 초점을 맞출 수 있습니다.[1] 상담자는 내담자의 긍정적 또는 능동적 자아를 구축하는 데 관심을 기울여야 합니다. 상담자는 내담자의 삶 속에서 '개인의 능동성'을 지지하는 측면에서 질문을 하여야 합니다.[2] 상담자는 내담자의 과거와 현재에 일어났던 일련의 성취와 극복이 무엇인지를 질문함으로써 내담자 자신이 능력 있고 창조적이며 가치 있는 존재라는 것을 느끼도록 해줍니다.

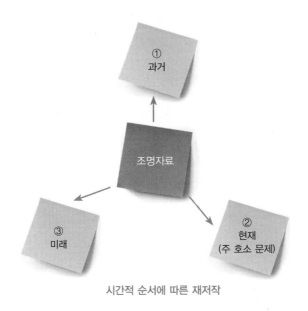

시간적 순서에 따른 재저작

---

1 박민수 · 오우성, 이야기상담의 과정과 기법(서울 : 시그마프레스, 2009), 261.
2 Jill Freedman and Gene Combs, "Narrative Couple Therapy··· and a Whole lot more!" a collection of papers, essays, and exercises, 51. 재인용, 위의 책.

📔 시간적 순서에 따라 재저작 질문을 합니다.

재저작은 어떻게 할 수 있을까요? 재저작 과정은 내담자에게 자신이 발견한 조명자료로 자신의 삶을 과거, 현재, 미래에 이르기까지 재조명해볼 수 있도록 도와줍니다. 대화를 통해 재저작은 어떻게 할 수 있을까요? 대화를 통한 재저작의 경우 조명자료를 통해 현재와 과거를 뚜렷하게 회상하도록 하고, 미래를 상상하도록 질문을 합니다.

● **가까운 과거 재저작 질문**

"당신의 가까운 과거에 ……(조명자료 이름)와 관련된 유사한 사건이나 경험이 있습니까? 있다면 그 이야기를 들려줄 수 있습니까?"

● **먼 과거 재저작 질문**

"당신의 먼 과거에 ……(조명자료 이름)와 관련된 유사한 사건이나 경험이 있습니까? 있다면 그 이야기를 들려줄 수 있습니까?"

- 더 먼 과거 재저작 질문

"당신의 더 먼 과거에 ……(조명자료 이름)와 관련된 유사한 사건이나 경험이 있습니까? 있다면 그 이야기를 들려줄 수 있습니까?"

- 새로운 관점으로 조망하는 질문

"이 이야기를 하면서 일어나는 생각이나 느낌은 무엇입니까?"

"……(조명자료 이름)에 비추어볼 때, 당신의 과거의 삶의 이야기를 통해 하나님께서 어떤 메시지를 주는 것 같습니까?"

● 현재 (주 호소 문제) 재저작 질문

"당신의 문제(파악된 문제)를 ······(조명자료 이름)로 새롭게 바라보면 어떻게 이야기할 수 있습니까?"

　　이때 상담자는 내담자에게 '주 호소 문제'라는 단어를 그대로 사용하는 것 보다는 오히려 성경 이야기 상담의 1단계인 '문제 파악'에서 파악한 내담자의 주 호소 문제를 말하는 것이 효과적입니다.

"이 이야기를 하면서 당신에게 일어나는 생각이나 느낌은 무엇입니까?"

"······(조명자료 이름)에 비추어볼 때, 당신의 주 호소 문제를 통해 하나님께서 어떤 메시지를 주는 것 같습니까?"

● 미래 재저작 질문

조명자료로 미래를 재저작할 때에는 상상력을 활용해야 합니다. 왜냐하면 미래 이야기는 아직 일어나지 않은 사건이기 때문입니다. 그러므로 이야기의 초점을 미래로 옮기게 할 때 상담자는 내담자가 상상력을 활용하도록 도와주어야 합니다. 우리는 상상력을 통해 이야기를 구성할 수 있습니다. 미래 재저작 질문은 미래의 삶에 대해 상상하게 하는 것입니다. 이 질문을 통해 내담자는 미래에 있게 될 자신의 삶에 대해 스스로 이야기함으로 하나님이 함께하시는 새로운 삶을 상상하게 되는 것입니다. 이 질문을 통해 상담자는 내담자가 소망하는 삶을 스스로 이야기하게 함으로 현재의 문제로부터 벗어나 성경 세계 속으로 들어가게 됩니다.

"이제 좀 다른 질문을 하고자 합니다. 이번에는 상상력을 발휘하여야 합니다. 자! ……(조명자료 이름)으로 당신의 미래 삶에 대해 상상해보시기 바랍니다. 당신의 삶은 어떻게 될 것 같습니까?"

"이 이야기를 하면서 일어나는 생각이나 느낌은 무엇입니까?"

   이처럼 내담자는 자신의 미래에 대해 이야기함으로 새로운 이야기가 지속적으로 발전되어가는 것을 경험하게 됩니다. 따라서 상담자는 내담자에게 새로운 이야기가 미래의 삶에 어떤 영향을 미칠 것인가에 대해 생각해보게 할 수 있습니다. 특히 상담자는 내담자에게 미래의 삶에서 자신의 정

체성과 진로 그리고 환경이 어떻게 변화될 것인가에 대해 생각해 보도록 해야 합니다.

"……(조명자료 이름)에 비추어볼 때, 이 미래의 이야기는 당신의 삶에 어떤 영향을 줄 것 같습니까?"

　이렇게 내담자는 조명자료로 자신의 과거 삶을 되돌아보고 미래를 상상함으로써, 삶의 이야기는 과거, 현재, 미래를 갖게 되었습니다. 즉 내담자의 삶의 이야기는 온전한 이야기가 된 것입니다.
　위의 재저작 질문들은 내담자와의 실제 상담 상황에서 적절하게 조정할 수 있습니다.

재저작 상담 사례

자매가 조명자료인 '내가 너를 사랑한다'를 다른 성경 이야기와 구절 그리고 찬송가로 강화하였습니다. 강화된 조명자료를 가지고 조명하는 부분은 가까운 과거에서부터 시작하는 것이 좋습니다. 이렇게 '자매'는 자신의 삶을 되돌아보면서 새로운 이야기를 과거, 현재 그리고 미래의 순서대로 재저작하였습니다.

 가까운 과거와 연결하는 재저작

　상담자　가까운 과거에 나를 향하신 하나님의 사랑을 느낄 수 있는 사건들
　　　　　이 생각나는 것이 있나요?

내담자   저희 집에 심방 오신 분들이 하신 말씀이 저 사람은 찔러도 바늘 하
        나도 들어가지 않을 만큼 너무나 완벽해서 이런 일이 아니면 절대
        로 예수님을 믿을 사람이 아니겠다는 이야기를 하셨어요.

상담자   네. 그러셨군요.

내담자   그것이 무슨 말인가 했는데 그때는 혼자 잘나서 잘 살았던 것 같아
        요. 근데 그때 하나님이 저를 만나주셨어요. 제 생각에는 내가 만난
        하나님은 낭만의 하나님이에요. 하나님은 저를 만날 때가 언제인지
        아시고 연애할 때처럼, 계속 지켜보다가 결정적인 순간에 짠 하고
        나타나서 감동을 주는 것이에요.

상담자   음. 낭만의 하나님, 놀라운 얘기군요. 하나님은 자매님을 계속 지켜
        보시면서 기다리셨네요.

내담자   네. 하나님은 나를 계속 지켜보고 기다리시다가 짠 하고 나타나셨
        어요. 제 마음에 그 사랑이 느껴졌어요. 지금까지 사랑하셨는데 그
        렇게까지 기다리게 하였다는 것이……. (계속 울먹임)

상담자   그러니까 이제까지는 그 하나님의 사랑을 그렇게 느껴본 적이 없었
        는데 '내가 너를 사랑한다'는 하나님께서 들려주신 음성으로 나의
        삶을 뒤돌아보니 하나님은 지금까지 자매님을 기다리다가 자매님
        이 힘이 들 때 나타나셔서 위로하시는군요?

    자매는 '내가 너를 사랑한다'라는 조명자료를 가지고 가까운 과거의 삶
을 조명하였습니다. 이때 그녀는 자신에게 있어서의 하나님은 '낭만의 하
나님'이었습니다. 낭만의 하나님께서는 자매를 꾸준히 바라보며 기다리고
있다가, 자매가 가장 힘들 때 나타나셔서 그녀를 위로하고 도와주시는 분
으로 재진술하였습니다. 그녀는 하나님을 떠나갔지만 그럼에도 여전히 하

나님은 그 자리에서 가만히 기다리고 계시며, 그녀가 힘들고 지쳐 있을 때 다시 나타나 사랑을 베풀어주시는 분이라고 하였습니다.

 먼 과거와 연결하는 재저작

내담자 하나님은 그동안 나를 안타까운 마음으로 기다린 것이지요. 저는 초등학교 때부터 교회를 나갔는데 대학교에 입학한 이후 10년 동안 하나님을 잊어버리고 살았거든요.

상담자 네.

내담자 그 일이 있기 전까지 하나님을 완전히 새까맣게 잊어버리고 살았어요. 그런데 지금 생각해보면 그 일이 있기 전에 하나님이 저에게 몇 번이나 찾아와주셨어요. 그런데 그때 저는 하나님이나 부처나 다 똑같다고 생각했어요. 그랬었는데 하나님께서 정말로 그때까지도 나를 지켜보고 계셨다는 것을 새롭게 깨달은 셈이죠.

상담자 음.

내담자 그렇게까지 나를 기다리고 늘 지켜보고 있었다는 것을 생각하니 그 사랑이 더 강하게 느낌이 왔던 것 같아요.

상담자 네. 자매님의 삶의 이야기를 들어보니까 초등학교 때부터 하나님이 자매님에게 나타나셨는데 대학교 입학 이후로 죽 잊어버리고 살다가 남편과 그런 일이 있으면서 하나님을 찾게 되셨네요. 그러니까 이제는 나의 하나님으로 받아들이게 되었네요.

 더 먼 과거와 연결하는 재저작

상담자 하나님께서는 오래전부터 자매님을 지켜보고 계셨네요. 이전에 부모님이나 가족 분들 중에 혹시 하나님을 믿으신 분이 있으세요?

내담자 아버지가 청년 때인가 교회를 다니셨대요. 친정 엄마도 어릴 때에 교회를 가셨대요. 어떤 일로 말미암아 교회에 다니지 않게 되었어요. 그래서 저도 교회를 못 나가게 했어요. 말로는 엄마랑 많이 다퉜어요.

상담자 하나님께서는 부모님 때부터 준비를 해오셨네요. 그 후에 자매님의 삶을 통해서 나타내시려고 하시는 것 같네요.

내담자 그것을 가장 강하게 느낀 것이 작년이었는데 아마 그때 가장 많이 울었어요. 남편하고 그렇게 되었던 때보다 더 많이 아팠던 것 같아요.

상담자 어떤 아픔의 눈물이었는지요?

내담자 신랑하고 연애결혼했거든요. 결혼해서 어느 날 신랑이 나에게 말했어요. "내가 너와 결혼하기 위해서 얼마나 기다리고 힘들었는 줄 아냐?" 그 말을 들었을 때처럼 그런 아픔의 눈물……. 그냥 우연히 하나님을 만난 것이 아니라 하나님께서는 나를 만나기까지 '언제 만나면 쟤가 나를 알아볼까' 하고 그동안 준비 작업을 했던 것 같아요. 내가 너를 만나기 위해서 지금까지 계속해서 기다렸다는 이야기를 들은 것처럼, 하나님이 내 눈에 띄려고 계속해서 노력했는데 그때도 내가 못 알아봤던 것이야. 이런 것들이……. (울먹이면서 말함)

상담자 그런 것들이 가장 마음을 아프게 하는군요.

내담자 그렇게 해서 나를 만나주시고 이렇게 사랑해주고 행복하게 해주는 것이 너무 감사해요.

상담자 음……. 하나님은 오래전부터 자매님을 지켜보면서 기다리고 계셨네요. 하나님은 그동안 자매님이 행복하게 사니까 가만히 지켜보고 계시다가 어려움을 당하니 그때 나타나서 도와주시는군요.

상담자   자매님! 호세아서와 예수님의 환상을 통해 '내가 너를 사랑한다'라는 새로운 조명자료를 발견하셨잖아요?

내담자   네.

상담자   우리가 상담 시작할 때 자매님이 남편을 향한 하나님의 뜻을 알지만 외도로 말미암아 남편의 짐을 더 이상 지고 싶지 않은 것에 대해 '내가 너를 사랑한다'는 조명자료로 새롭게 이야기해보실 수 있나요?

내담자   사실 남편을 미워할 수 없는 것 같아요. 모세가 떨기나무에서 부름을 받잖아요. 제 생각에는 아마 지금 남편의 문제는 떨기나무 불처럼, 제가 그것 때문에 부름을 받은 것 같아요.

상담자   네…… 어떤 의미인지 말씀해주실 수 있나요?

내담자   그러니까 떨기나무처럼 사건이 생겼기 때문에 제가 다시 하나님을 찾았지, 그렇지 않았다면 남편과 함께 광야를 계속 헤매고 다녔을 것 같아요.

상담자   현재 어려운 일을 당하는 것은 하나님께서 자매님을 하나님의 자녀로 삼기 위한 것이군요?

내담자 : 네. 그래요.

    자매는 '내가 너를 사랑한다'라는 조명자료를 통해 주 호소 문제를 조명하였습니다. 자매는 남편의 외도를 모세의 떨기나무의 불처럼 생각하였습니다. 곧 남편의 외도로 인해 자신이 하나님을 다시 찾게 되었고, 그것이 곧 하나님이 자신을 하나님의 자녀로 부르시는 사건이라고 재진술하였습니다. 내담자는 남편의 외도를 용서 못할 것으로 있다가 조명자료로 인해 그 문제를 하나님이 자신을 부르는 사건으로 재진술하였습니다.

미래와 연결하는 재저작

상담자 이제 미래 일에 대해서 말씀해보시면 어떨까요? 자매님을 사랑하시는 하나님과 앞으로 삶이 어떻게 전개될 것 같아요?

내담자 이제 남편을 있는 그대로의 모습으로 받아들여서 사랑하는 마음으로 살고 싶어요. 십자가상에서 나에게 부탁하신 주님의 십자가를 기꺼이 질 수 있을 것 같아요. 주님이 보여주신 비전대로 남편이 장로가 되어서 열심히 교회를 섬길 때까지. 어려움이 있겠죠. 그렇지만 이제 기꺼이 그 십자가를 주님과 함께 지고 갈 수 있겠어요.

상담자 하나님께서 자매님의 지난날을 기다리면서 준비하신 것처럼 미래를 준비하시는 것 같네요. 미래를 우리가 잘 모르지만, 하나님께서 더 큰 축복을 줄려고 하는 미래를 만들고 계시다는 의미군요.

내담자 네, 맞아요. 하나님께서 미래를 만들고 계신다는 말씀이 제 마음에 큰 힘이 되는 것 같아요. 막연히 미래를 바라보았는데, 느낌으로만 그렇게 알아왔는데, 누구한테 물어볼 수도 없었는데, 이렇게 미래를 만들어가신다는 그 말을 듣는 순간, 미래를 만드신다고 하니까 마음에 힘이 되는 것 같아요. 하나님이 먼저 가시고 예수님과 우리가 함께 가는 거예요.

상담자 그런 깨달음으로 살게 하시는 은혜가 보통 사람들한테는 잘 없는 것 같아요. 결국 하나님께서 계획하심 가운데 자매님을 인도해가신다는 느낌을 받아요.

내담자 그래요. 지난번에 교수님이 이야기하신 것처럼 어떻게 이곳까지 올 수 있었는지 놀라워요. 남편 말은 다른 사람들은 잘만 이혼하는데 너는 왜 나를 놓아주지 못하냐라고 그랬었거든요. (울먹임) 그게 이해할 수 없대요. 그에 대한 대답으로 호세아가 왜 고멜에게 그렇게 했는지 보여주는 것이었어요. 그렇게 함으로 내가 하나님인 것을 알게 될 것이라는 말씀이 있어요. 남편에게도 그렇게 해서 하나님을 알게 해주어야겠다고 생각했어요. 하나님을 전할 마음의 준비를 했던 것 같아요.

상담자　네. 그것만 해도 많이 좋아지신 것 같아요. 하나님이 주신 말씀이 이제는 기경할 때라 했는데 씨를 뿌릴 때는 힘드시겠지만 뿌려야 결실이 나올 것 같아요.

내담자　이제는 밭을 갈아엎어야겠네요. 전화를 해서 그렇게 해야 할 것 같아요. 이런 말을 하고 있는 지금도 마음이 너무 편해요. 월요일 날 큰 숙제를 하고 보니 문제가 90% 이상 해결된 것 같아요.

상담자　그래요 제가 자매님의 얼굴을 보니 마음이 편안해지고 좋아진 것 같아요.

관점여행(시)

지난 가을

노란 은행잎과

고향집의 맛있는 음식으로

사랑을 나눈 우리는

오픈 게임부터 흥분과 즐거움이 배나 더 했습니다.

영과 육의 풍족한 채우심으로

목요일 저녁 두 시간은 금방 지나가고

아쉬움으로 다음 주를 기약하며

종종 걸음으로 울산, 포항, 부산, 영천, 창녕, 창원…
으로 돌아가곤 했습니다.

하나님의 말씀을 기대하며
이번 학기는 무엇이라 하시며
나를 변화시키시고
성장시켜주실까?
가슴 설레곤 했지요.
내 생각
내 중심
인간 중심을 버리고
하나님 중심으로 생각을 바꾸라고
관점도 사람 수만큼 다를 수 있다고
다독거려주시는 하나님
판단을 여호와께 맡기라
재판장이 되어주신다는 하나님
완고해져서 심술이 가득한 내 마음에
내 생각 버리고
관점을 바꾸어주시는 성령

어느 새 여유와 풍요로움이 생깁니다.
마치 즐거운 여행을 다녀와
느긋함과 여유로움이 생긴 마음의 눈으로
생각하며 바라보는 나 자신을 보게 됩니다.

감사합니다.

사랑합니다.

이해하고 용납하며

살고 싶습니다.

아픔과 배신으로 얼룩진 K의 이야기

나는 1998년경에 실연을 경험한 이후로 여성의 사랑을 믿지 않고, 심지어 여성의 현실성을 거부하고 있습니다. 나는 여성의 외모의 아름다움에는 끌림을 느끼면서도 여성의 내면세계를 경멸하는 묘한 이중성을 가지고 있었습니다. 나에게는 여성에 대한 경멸이 하나의 문제였습니다. 나는 여성은 현실적 인간이며, 자신의 가족밖에 모르는 가족 이기주의자들이며, 남편과 자녀 이외에는 모든 것을 이용하려드는 존재라고 생각하였습니다.

나의 문제는 여성과 가정 문제에 국한되는 것은 아니었습니다. 나는 근본적으로 인간관계에 대한 불안을 가지고 있었습니다. 나의 두 번째 호제는 인간관계에 대한 근본적인 불안입니다. 나의 마음속 깊은 곳에는 '버림받는 것에 대한 불안'이 있었습니다. 나는 초등학교 시절 어머니에게 버림받았고, 대학교 시절에는 사랑하는 여인에게 버림받았으며, 동문들에게도 버림받았다고 느꼈습니다. 나의 세 번째 문제는 나의 마음에 심층적으로 존재하는 하나님에 대한 불신과 불안이었습니다. 나는 실연을 경험하게 되었는데 그 당시 대학에서 다시 친구들로부터 왕따를 당했을 때는 하나님께 절규했습니다. '하나님 당신은 어디에 계십니까?' 나는 그때 하나님은 그렇게 차가웠고, 너무도 멀었다고 고통스럽게 느꼈습니다. 심지어 나는 '그때의 하나님은 거의 없었다'고 생각했습니다. 나는 그 여성에게 필사적으로 매달렸고, 그로 인해 섭섭함이 너무 컸습니다.

나는 상담자와 함께 예수님의 수난과 부활 이야기를 새롭게 읽으면서 조명자료를 발견했고, 자신의 이야기를 다시 쓰기로 결심했습니다. 내가 예수님의 수난과 부활의 이야기를 선택했던 근본적인 끌림은 예수님의 원망 섞인 절규였습니다. "나의 하나님 나의 하나님 어찌하여 나를 버리셨나이까?" 내가 이 이야기에 인력을 느낀 까닭은 어머니와, 사랑했던 여인과 대학교의 동학들에게 버림을 받았기 때문이었습니다. 하지만 나는 상담자와의 대화를 통해 자신이 익히 잘 알고 있다고 생각했던 이야기 속에서 몇 가지 그 전에는 알지 못했던 점들을 깨닫게 되었습니다. 첫째, 예수는 절규하기만 한 것이 아니라 고통과 비참함 속에서 하나님에 대한 절대적인 사랑과 순종의 모습을 보여주었던 점. 둘째, 마가의 이야기는 제자들의 배반으로 끝나는 것이 아니라 회개와 화해의 암시로 끝난다는 점. 셋째, 마가의 이야기에서 여성들은 예수를 배반하지 않고 끝까지 따랐다는 점, 즉 주인공을 버리지 않았다는 점. 마지막으로 하나님은 성전 휘장을 찢으시면서 자신의 아픔을 표현하셨다는 점을 알게 되었습니다.

이러한 이야기들은 나의 삶의 이야기 세계를 새롭게 조명하는 조명자료가 될 수 있었습니다. 특히, 나는 자신의 인생 이야기에서 자신을 버린 여성들보다 자신을 버리지 않은 여성들이 더 많았다는 사실을 깨닫게 되었습니다. 이것은 너무나 상식적인 이야기이지만 나의 이야기적 자의식에서는 결코 상식적이지 않은 사건이었습니다. 상담자는 새로운 조명자료를 가지고 자신의 인생을 재저작하라고 격려했습니다. 나는 이 조명자료로 나 자신의 인생 이야기를 다시 읽고, 나의 인생 이야기를 재구성했습니다. 상담자는 내가 버림받은 이야기만을 호소했는데 혹시 나 자신이 버린 여성은 없었는지 물어보았습니다. 그때 나는 큰 충격을 받았습니다. 왜냐하면 내가 버린 여성들이 있었기 때문입니다. 그런데 나는 자신이 과거에 여성을 버렸다는 사실은 완전히 잊고 살았습니다. 상담자가 지적한 이 두 가지 사실은 나에게 큰 도전이 되었습니다.

　내가 나 자신의 인생에서 어머니의 이야기를 다시 쓰고, 여인들의 이야기를 다시 쓰고, 존경스러우며 건전한 영적 지도자들의 이야기를 다시 쓰며, 자신의 고통 가운데 휘장을 찢으셨던 하나님의 아픔의 이야기를 다시 쓴다면 나의 이야기는 아픔과 배신으로만 얼룩진 아픈 이야기가 아니라 그 아픔 가운데 함께했던 사랑의 이야기로 풍부해질 것입니다.

8단계 :

09

지지적 신앙 소그룹 형성

지지적 신앙 소그룹 형성

1단계 문제 파악	2단계 성경 이야기 선정	3단계 서사적 읽기	4단계 인력 탐구	5단계 조명 자료 발견	6단계 조명 자료 강화	7단계 재저작	8단계 지지적 신앙 소그룹 형성

지지적 신앙 소그룹의 필요성

상담은 일반적으로 상담이 종결되면 상담자와 내담자가 헤어지는 것으로 끝이 납니다. 상담이 종결되면 내담자는 '새로운 삶을 살 수 있겠다.'라는 생각을 가지고 현실의 삶으로 돌아가게 됩니다. 그런데 보통 우리의 경험에 의하면, 내담자가 상담이 끝나고 자신의 삶의 자리로 돌아갔을 때, 그의 환경과 현실은 변하지 않고 여전히 그대로 있는 경우가 많습니다. 사실 상담을 하고 있는 동안에는 내담자 자신의 문제가 해결된 것처럼 보였는데, 실제 삶으로 돌아가면 그 문제가 그대로 남아 있는 것을 경험하게 됩니다. 어떤 경우에는 문제가 더 심각하게 되기도 합니다.

내담자가 새로운 이야기를 재저작했다 할지라도 그의 환경, 인간관계, 가족관계 등에 변화가 없을 때 내담자는 동일한 문제로 되돌아오게 되기도 합니다. 어떤 경우에는 이전보다 더 심한 좌절과 혼란을 경험하고 회복하기 어려운 상태가 되기도 합니다. 이러한 경험은 상담자와 내담자를 똑같이 좌절시키기도 합니다. 이러한 것들은 상담 현장에서 겪게 되는 전형적인 어려움들입니다.

그리하여 이야기 상담에서는 '상담자와 내담자가 단순히 상담을 종료하고 헤어지는 것으로 상담을 끝내어서는 안 되겠다.'라는 생각을 가지게 되었습니다. 이야기 상담에서는 내담자가 상담을 통해 찾은 해결책을 가지고 내담자의 현재 삶 속에서 이것을 실현해줄 수 있는 어떤 인정 의식이 필요하다는 것을 인식하게 되었습니다. 여기서 인정 의식이란 공동체의 지지의식입니다.

성경 이야기 상담에서는 이야기 상담의 회원 재구성 대화와 인정 의식의 이론적 도움을 얻어 새로운 이야기를 실현하는 과정으로 '지지적 신앙 소그룹 형성'을 만들었습니다. 이 지지적 소그룹의 역할은 주로 내담자의 지배적인 과거 문제 이야기를 부정하고 내담자가 재저작한 새로운 이야기를 적극적으로 지지하고 그 이야기에 가치와 의미를 부여해주는 것입니다.

지지적 신앙 소그룹의 개념

성경 이야기 상담의 마지막 단계는 지지적 신앙 소그룹(supporting faith group) 형성입니다. 지지적 신앙 소그룹은 내담자가 재저작한 삶의 이야기로 살아갈 수 있도록 도와주는 모임을 의미합니다. 이 지지적 신앙 소그룹은 상담에서 생소하고 새로운 용어입니다.

사실 신앙인들은 오래전부터 많은 문제를 교회 공동체 안에서 해결해 왔습니다. 초대교회에서부터 현대에 이르기까지 신앙인들은 자기 혼자서 문제를 해결하기보다는 오히려 교회라는 신앙 공동체 안에서 교인들 간의 교제를 통해 자신들의 문제를 해결하였습니다. 그렇게 함으로 그들은 새로운 힘을 얻고 그들의 문제를 계속해서 극복해나갈 수 있는 공동체를 가지고 있었습니다.

초대교회-신앙 공동체

그런데 최근에는 교회에서 신앙이 지나치게 개인화되어갑니다. 일반사회에서도 사람들의 삶이 개인주의적으로 흘러 가정이 핵가족화되고 분열되어가고 있습니다. 그래서 자녀는 자녀대로, 아버지는 아버지대로, 어머니는 어머니대로 각자가 가진 문제들 때문에 시달리고 괴로워하면서 그 해결책을 찾지 못하는 경우가 너무 많아지고 있습니다. 이 문제가 일반사회뿐 아니라 교회까지 들어온다는 것입니다.

어떤 교인은 주일날 인터넷 앞에서 혼자 앉아서 예배를 드립니다. 그것이 하나의 예외적 상황이고, 어쩔 수 없는 환경에서 그렇게 한다면 이해할 수 있지만 만약에 주일마다 혼자서 인터넷 영상을 바라보면서 예배드린다고 생각해보세요. 이것이 참된 예배가 될 수 있을까요? 이것이 그분의 신앙을 지탱해주고 성숙시켜줄 수 있을까요?

오늘날 교회 지도자들은 교회 내에서 발생하는 많은 문제들은 결국 진정한 공동체가 없어서 생기는 것이라고 이야기합니다. 오늘날 신앙인들이 예배를 드리고 서로 교제를 가지는 것도 피상적이고 형식적인 것이 되어버렸습니다. 이러다 보니 문제는 깊숙한 곳에 가라앉아서 해결되지 않는 것입니다. 우리가 지금 겪는 많은 문제들을 보면 신앙이 개인화되어서 교회가 진정한 만남이 없는 공동체가 됨으로써 문제가 심각해지고 불행한 결과를 가져옵니다.

그래서 성경 이야기 상담은 단순히 내담자로 하여금 조명자료를 찾고 삶을 재저작해주는 단계에서 끝나는 것이 아니라 재저작한 삶으로 계속 살아갈 수 있도록 관계 네트워크를 만들어줘야 한다고 봅니다. 이것이 지지적 신앙 소그룹을 형성하는 단계가 필요하다고 본 이유입니다.

지지적 신앙 소그룹 형성 방법

지지적 신앙 소그룹의 구성원

상담자가 내담자와 함께 있을 수 있는 데는 한계가 있습니다. 그 어떤 상담자도 내담자와 늘 함께 있어줄 수가 없습니다. 그래서 내담자에게는 상담의 은사를 가진 공동체가 필요한 것입니다.

상담자는 내담자를 지지해줄 수 있는 소그룹을 형성해서 내담자의 신앙을 지켜야 합니다. 이 지지적 소그룹은 현실적으로 어떻게 만들 수 있을까?

'내담자가 지지자를 초청하는가? 아니면 상담자가 지지자를 초청하는가?'라는 질문을 할 수 있습니다. 지지자를 초청하는 것은 내담자가 하는 것입니다. 지지자들은 내담자의 삶에 긍정적인 영향을 줄 수 있는 사람이 적절합니다. 내담자의 지지자들은 내담자의 가족들과 친구들 또는 함께 신앙생활하는 사람들로 구성하는 것이 좋습니다. 지지적 신앙 소그룹원은 내담자의 삶에 긍정적인 영향을 주었거나 또한 지속적으로 긍정적인 영향을 줄 수 있는 사람으로 구성되어야 합니다.[1]

　교인들 가운데는 다른 사람의 아픈 상처를 잘 알고 권면하는 은사를 가진 사람들이 있습니다. 눈빛만 봐도 저분이 나를 이해하고 있구나 하는 느낌이 오고 그분의 한마디 말만 들어도 마음이 따뜻해지고 위로를 얻는 그런 사람이 교회에 있습니다. 상담자는 이러한 사람들을 중심으로 지지적 신앙 소그룹을 만드는 것입니다. 상담자는 내담자가 이야기를 하면 마음 편하게 받아주고 위로해줄 수 있는 사람을 한 사람씩 정하도록 하는 것입니다. 지지적 그룹은 같은 교회 교인들이 될 수도 있고 다른 교회 교인들도 될 수 있는 데 중요한 것은 이 그룹의 멤버들은 정기적으로 한 주 한 번 또는 두 주에 한 번씩 내담자를 만나야 합니다.

지지적 신앙 소그룹 형성

1　박민수 · 오우성, 이야기 상담의 과정과 기법(서울 : 시그마프레스, 2009), 355.

장기적으로 내담자가 지지를 받을 수 있다고 생각되는 사람을 중심으로 지지 그룹을 구성하는 것이 바람직합니다. 상담자는 일정 기간 동안이라도 내담자를 힘들게 하는 사람들을 피하게 하는 것이 좋습니다. 지지적 신앙 소그룹은 비록 짧은 시간이라도 정기적으로 만날 수 있어야 하며 위기 시에는 내담자를 도울 수 있는 네트워크가 만들어져야 합니다. 이 지지 공동체가 내담자를 구체적으로 도울 수 있는 기법들로서 소그룹 상담 기법과 반영기법 등이 있습니다.

다시 말하면, 지지적 신앙 그룹은 내담자의 이야기를 듣고, 그 이야기에 대한 반응으로 내담자를 위로해주고 격려해줌으로써, 내담자가 재저작한 삶을 자신의 현실적인 상황 속에서 구체적으로 잘 살아나갈 수 있도록 도와주는 것입니다.

지지적 신앙 소그룹의 역할

앤 설리번과 헬렌 켈러

세상을 감동시킨 앤 설리번 선생과 헬렌 켈러의 이야기에서 설리번 선생은 헬렌에게 많은 정성과 사랑을 헌신적으로 준 것을 알 수 있습니다. 그런데 그 사랑과 헌신 중 가장 인상 깊은 것은 설리번 선생이 헬렌과 48년 동안 함께 있어준 것이었습니다. 마음의 상처를 치유하는 것은 상처에 대한 적절한 분석과 충고보다도 그냥 함께 있어주는 것입니다. 상처 난 마음은 충고를 주기보다도 사랑으로 함께 있어줄 때 치유됩니다.

성경 이야기 상담에서 말하는 '지지적'이라는 말은 문제를 안고 있는 내담자를 상담하고 치유하기 위해서 특별하게 구성하는 소그룹의 성격을 규정해주고 있습니다. 이 소그룹은 내담자를 상담하고 지지하고 격려하고 위로하여 내담자가 발견한 새로운 삶을 현실 속에서 구체적으로 실현할 수 있도록 격려하고 지지하는 그룹이라는 뜻입니다. 이 그룹의 구성원들은 내담자로 하여금 힘을 얻을 수 있도록 계속해서 내담자를 격려해주고 위로해주어야 합니다. 특별히 교회에 이런 은사를 가진 분들이 있습니다. 지지적 소그룹이 해야 할 일은 내담자의 마음을 따뜻하게 보살펴주고 비판이나 판단, 징계, 지시와 같은 것들을 가급적이면 피하는 것입니다. 이 그룹은 내담자를 향하여 마음이 동정으로 움직이는 사람들의 모임이 되어야 합니다. "주린 자에게 네 심정이 동하며 괴로워하는 자의 마음을 만족케 하면 네 빛이 흑암 중에서 발하여 네 어두움이 낮과 같이 될 것이며"(사 58:10).

사람들은 보통 다른 사람이 고통스러운 이야기를 하면 비판이나 판단을 합니다. 교회에서 힘들고 고통스러운 이야기를 할 때 '기도를 덜 했고, 성경 말씀을 잘 안 읽고, 새벽기도 안 나오더니 결국'이라는 반응들을 받게 되면 어느 누구도 그 이야기를 내어놓을 수 없게 됩니다. 그러므로 지지적 소그룹은 판단하거나 지시하거나 지적하는 일을 하기 전에 먼저 내담자의 문제를 깊이 느낄 수 있고, 공감하고 내담자를 따뜻하게 위로하고 격려할 수 있는 사람들이 중심이 되어야 합니다. 성도들 가운데는 내담자가 이야기할 때 그 사람이 받은 상처를 위로하고 마음이 새롭게 회복되도록 하는 은사를 가진 분들이 있습니다.

성경에서는 이러한 은사를 상담, 위로, 권면의 은사라고 하는데 사실 성령 또한 이러한 역할을 합니다. 성령의 다른 명칭은 '보혜사'라고도 합니다. 보혜사라는 말은 상담자, 위로자, 대언자라는 뜻입니다. 성령의 사역 중 중요한 것이 위로하고 격려해주고 대신 말해주는 것입니다. 로마서 8장 26절에 보면 성령께서는 우리가 간구할 수 없는 것을 말할 수 없는 탄식으로 우리를 대신해서 간구해주신다고 말하고 있습니다.

알코올 중독자와 지지적 신앙 소그룹

상담에서 지지적 신앙 소그룹이 중요한 것은 12년 동안 알코올 중독이 된 사람의 경우를 보면 알 수 있습니다. 필자는 12년 동안 알코올 중독으로 고생하고 있는 사람을 성경 이야기 상담으로 상담하였습니다. 사실 이 사람은 필자를 만나기 전까지 알코올 중독에서 벗어나기 위해 계속 약물치료와 함께 일반 상담을 받아왔습니다.

그는 12년 동안 술을 마시면서 알코올에 중독되었고, 알코올 중독에서 벗어나기 위해 온갖 방법을 다 써봤습니다. 그는 정신과에서 약물치료와 함께 심리치료도 받고, AA 알코올 중독자 클럽에 참여하여 치료도 받았습니다. 그러나 이러한 모든 방법들도 그에게는 효과가 없었습니다.

이 사람은 알코올에서 벗어나기를 원했지만 자기 의지대로 되지 않아 괴로워하였습니다. 어느 날 자신도 너무 괴로워서 죽으려고 2주 동안 소주 180병을 마셨습니다. 그때 그는 죽으려고 했는데 죽지 않고 병원에 실려 가서 1주일 동안 의식불명이 되어 있다가 다시 살아났습니다.

이 사람을 성경 이야기 상담으로 상담하면서 장기상담으로 진행하였습니다. 우리는 상담을 시작할 때 상담의 목표만 세우고 마치는 회기는 정하지 않았습니다. 그와의 상담은 한 회기 상담을 60분으로 진행하였습니다.

그와의 상담은 2년 넘게 지속되었습니다. 그 상담은 총 120여 회 진행되었습니다.

자신이 죽어야 알코올 중독이 끝이 난다고 말하였던 그가 성경 이야기 상담을 하면서 변화되기 시작하였습니다. 그러나 그는 성경 이야기로 상담을 하는 중에도 술에 넘어지고 일어나기를 반복하였습니다. 그러한 그가 서서히 변화되기 시작하였습니다. 그 변화의 출발점은 분명 성경 이야기 상담을 통한 하나님과의 만남입니다. 그러나 그가 변화되는 데 큰 역할을 하였던 것은 단지 상담자와 내담자의 면대면 상담만이 아니었습니다. 상담자는 그와 상담을 하면서 내담자의 주위에 있는 사람들과 교회에서 그를 지지해줄 수 있는 성도님들을 중심으로 지지적 신앙 소그룹을 형성하게 하였습니다. 이 지지적 신앙 소그룹 멤버들은 내담자가 재저작한 삶의 이야기를 들으면서 지지하고, 격려하였습니다. 그리고 이들은 내담자가 술에 다시 넘어질 때에도 다시 일어날 수 있도록 기다려주면서 지속적으로 말씀과 기도 그리고 함께 이야기함으로 지지해주었습니다. 그는 서서히 변화되기 시작하였습니다.

예전에는 술을 한 번 입에 되면 병원에 가서야 끝이 났다고 합니다. 그런데 어느 날부터 술맛이 쓰기 시작했답니다. 이 지지적 소그룹은 이렇게 오랫동안 알코올 중독에 찌든 내담자를 상담하는 데 매우 중요한 역할을 하였습니다. 그들은 계속 옆에서 기도해주고 도와주면서 이 사람이 서서히 회복되는 것을 보았습니다. 그는 상담하는 동안에 다시 과거 상태로 돌아가는 때도 있었습니다. 그러나 그는 상담하는 동안에 술 섭취의 양은 줄어들고 술을 마시지 않는 시간적인 간격은 길어져 갔습니다. 그리고 현재 그는 성경 이야기 상담을 마치고 난 2년 가까이 술을 입에 대지도 않았습니다. 할렐루야!

이 내담자의 알코올 중독으로부터 회복한 상담 사례가 상담에서 지지적 신앙 소그룹이 중요하다는 것을 다시 한 번 보여주고 있습니다. 현대와 같은 개인주의적이고 파편화된 세상 속에서 교회마저도 그렇게 되기 쉬운데, 교회가 지지적 신앙 소그룹을 만들어서 많은 내담자들을 회복시킬 수 있으리라고 생각합니다.

지지적 신앙 소그룹 형성 질문

내담자의 재저작된 새로운 이야기는 다른 사람과의 상호작용에 의해 강화될 때 더욱 확장될 수 있습니다. 내담자가 발견한 새로운 이야기를 더욱 강화하고 확장하기 위해서는 다른 사람이 들려주는 이야기를 들어야 합니다. 내담자 자신 외에 다른 사람이 내담자의 재저작된 이야기를 지지해주는 이야기를 들어야 합니다. 이것을 위해 내담자의 이야기를 지지해줄 소그룹의 지지자를 찾는 것이 중요합니다.

📖 지지적 신앙 소그룹 구성원을 찾는 질문

지지적 신앙 소그룹은 내담자에게 긍정적인 영향을 주는 사람들로 구성되어야 합니다.

"당신을 가장 잘 이해하면서 비난하지 않고 받아들여주는 사람들이 있습니까? 있다면 그 사람들은 누구입니까?"

📖 **지지적 신앙 소그룹 초청 질문**

"그 사람들을 만날 수 있습니까? 있다면 언제 함께 모일 수 있습니까?"

📖 **재저작한 이야기를 내담자가 직접 초청된 지지자들에게 들려준다.**

상담자는 초청된 지지자들과 함께 지지적 신앙 소그룹을 형성합니다. 이때 지지자들은 '내담자에 대해' 말하는 것이 아니라 '내담자 편에서' 말하는 것입니다. 여기서 중요한 것은 지지자들이 이야기를 새롭게 만드는 것이 아니라 재저작된 이야기를 더욱 풍부하게 확장시켜가는 것입니다. 상담자는 내담자에게 조명자료를 통해 재저작한 이야기를 지지자들에게 들려줄 수 있도록 합니다.

상담자는 내담자에게 새롭게 재저작한 이야기를 지지자들에게 이야기하도록 합니다.

"재저작한 이야기를 지지자들에게 들려주세요."

이때 내담자는 조명자료로 재저작한 이야기를 지지자들에게 이야기합니다. 지지자들은 내담자의 이야기를 공감적 경청을 하면서 듣습니다. 지지자들은 내담자의 이야기를 인정하고 지지하면서 듣는 차원에서 그치는 것이 아니라 내담자가 이야기를 하면서 자기 자신에게 삶의 의미를 부여하면서 실천적인

삶을 살아갈 수 있도록 지지자와 증인의 역할을 하게 됩니다.

📖 지지자들은 내담자의 이야기를 듣고 재진술한다.

이때 지지자들은 자기 자신을 위해서 초청받은 것이 아니라 내담자를 위해서 초청받은 것입니다. 상담자는 이 점을 지지자들에게 명심시켜야 합니다. 지지적 신앙 소그룹 형성의 단계는 내담자의 이야기를 듣고, 그것을 지지자들이 재진술하는 시간으로서 들은 내용을 모두 말하는 것이 아니라 이야기 중에서 자신의 마음에 가장 와 닿고, 느낌과 깨달음이 있는 부분에 대해 이야기하는 것입니다. 이때 재진술은 단정적인 문장으로 하여서는 안 됩니다.

"당신은 그(녀)의 어떤 이야기가 마음에 와 닿았습니까?"

"당신이 그(녀)의 이야기를 들으면서 그(녀)에 대해 새롭게 알게 된 것은 무엇입니까?"

📖 내담자가 지지자들의 이야기를 듣고 재진술한다.

내담자는 지지자들이 재진술하는 이야기를 들으면서 느낀 것이나 깨달은 것을 이야기합니다. 이때 상담자는 내담자에게 가장 인상 깊었던 이야기가 무엇인지 물어볼 수도 있습니다. 이렇게 하면서 내담자가 재저작한 이야기는 확장되면서 더욱 강화됩니다.

"당신이 지지자들의 이야기를 들으면서 당신 자신에게 도움이 된 것은 무엇입니까?"

📓 모든 참여자들이 함께 나눔의 시간을 갖는다.

이때 모든 참여자라고 하면 내담자, 상담자 그리고 초청된 지지자를 의미합니다.

"오늘 서로의 이야기를 들으면서 느낀 점들을 나누는 시간을 갖겠습니다. 서로 느낀 점을 이야기해주시겠습니까?"

📓 성령의 함께하심에 대한 질문

느낌을 각자가 다 이야기한 후 상담자, 내담자, 지지자들이 돌아가면서 이 모임을 통해 성령님의 함께하심의 영적인 체험에 대해 나눔을 갖도록 합니다. 이때 상담자는 상담을 마무리하면서 내담자에게 성령님이 삶 가운데 함께하심에 대한 질문을 하여, 성령님이 늘 함께하심을 마음에 아로새기게 합니다.

"당신은 이 상담에서 성령께서 함께하신다는 것을 어떻게 느낄 수 있었습니까? 그 영적인 체험에 대해 이야기해줄 수 있습니까?"

지지적 신앙 소그룹 상담 사례

상담자 이제까지 상담을 하면서 자매님이 하나님께로부터 받은 말씀을 가지고 자매님의 삶을 새롭게 조명했어요. 성경 말씀으로 새롭게 만든 이야기를 현실적인 것으로 만들기 위해서는 지지 그룹이 필요해요. 자매님의 삶 이야기를 하면 이해해주면서 받아주고 지지해줄 사람들이 누구인가요?

내담자 제일 가까이 있는 사람은 담임 목사님이에요.

상담자 담임 목사님이 지지해주시고 또 그 외에 가까이에서 자매님을 지지해줄 사람이 누군가요?

내담자 저를 잘 아시는 김 교수님과 늘 언니같이 대해주는 선생님이 나를 있는 그대로 다 받아주시더라고요. 또한 같은 교회에 다니는 몇 분이 있어요.

상담자 지난번에 지지 그룹을 생각해보라고 했는데, 주위에 있는 교회 공동체 사람들이 가족으로 인식이 되셨다는 것이네요. 그런 분들이 가까이에서 지지해주실 것 같군요.

내담자 많더라고요.

상담자 그동안에는 상처를 받을까 봐 걱정이 되어서 그러한 사람들이 지지

그룹이 아니라고 생각했는데, 이제는 이러한 사람들이 지지 그룹이 되는다는 말이네요.

내담자 이 사람들이 가족이 되어서 정말 내게 힘 줄 사람이네라는 마음이 들었어요. (울먹임) 사실 저는 사람들과는 속 깊은 이야기를 나누기를 원치 않은 사람인데, 이제는 이 사람들이 가족으로 느껴지면서 속 깊은 이야기를 할 수 있다는 생각이 들었어요.

상담자 사실 내가 하나님 앞에서 확고하게 서 있지 않으면 쉽게 상처를 받아요. 그러나 자매님은 상담을 통해서 자기 자신에 대한 정체성 확립과 비전이 생기니까 받아들일 수 있는 능력이 생기게 된 것이지요. 그다음 단계에서 유의해야 할 것은 지지적 신앙 소그룹을 구성해서 이 문제를 같이 기도하고 같이 이야기할 수 있다면 잘 해결되지 않을까 생각해요. 지지적 신앙 소그룹 중에서 자매님을 지지해 주고 격려해줄 수 있는 사람을 선별하는 작업이 필요할 것 같아요. 도움이 많이 되시는 분들을 중심으로 지지 그룹을 만들면 좋을 것 같아요.

내담자 벌써 작업을 했어요. 5명 정도 되어요. 저를 잘 아시는 김 교수님과 늘 언니같이 대해주는 선생님이 있어요. 그리고 세 사람은 같은 전도회라서 서로에 대해서 잘 알고 있어요. 이제는 어설픈 말을 듣더라도 내가 상처 받지 않고 굳건히 설 수 있을 것 같아요.

상담자 지지적 신앙 소그룹을 잘 구성하셨네요.

내담자 남편을 이제 용서하고 같이 살아가겠다고 그들에게 문자를 보냈어요. 지금이 그때인 것 같아서 특별히 기도를 해달라고 했어요. 한결같은 마음으로 다 받아주었어요.

상담자 지금은 일단 상담 과정에 있고 얼마 동안은 좀 강하게 지지가 필요하니까 비록 30분이라도 지지집단이 한 달이나 두 달 동안 정기적으로 만나 이야기를 들어주고 지지해줄 수 있도록 해보세요. 이것이 지지 그룹을 형성하는 것이에요. 이 목적을 위해서 그룹이 형성되어 집중적으로 그리고 정기적으로 만날 수 있으면 도움이 되겠어요. 일단 그 그룹이 형성되어 지지만 잘 받으면 성령이 역사하실 겁니다. 상담이 끝나면 이 사람들에게 가서 이야기하고 같이 기도할 수 있는 그룹을 만드는 것이에요.

내담자 네, 이제 내가 편한 이유를 알 것 같아요. 상담 전까지는 현재의 내가 아니라 과거에 머물러 있어서 힘들었던 것 같아요.

상담자 과거에 머물러 있다는 의미가 무엇인지요?

내담자 과거에 머물러 있다는 것은 나의 모습을 찾는다고 계속 과거에서 살았던 것 같아요. 그런데 지금은 지금의 내가 나다. 현재 살고 있는 내 모습이 나인 것을 알게 된 것 같아요.

상담자 과거 속의 내 모습이 아니라 지금 내 모습을 있는 그대로 받아들이면서 미래에 하나님께서 나에게 주실 것을 기대하면서 편안해지셨다는 것이네요?

내담자 지금의 내가 좀 더 명확해진 것 같아요. 상담을 해보니까 내가 무엇을 해야겠구나 하는 것이 좀 더 명확해진 것 같아요.

상담자 이 상담을 하면서 성령께서 어떻게 도와주신 것 같아요?

내담자 저는 이번 상담을 하면서 하나님께서 호세아서를 통해 나의 마음과 생각을 어루만져주신 것 같아요. 나는 남편에 대한 원망과 분노가 있었어요. 나는 내 힘으로는 남편을 용서할 수가 없었어요. 그런데 이번 상담을 통해 하나님의 사랑을 발견하게 되었어요. 그리고 하나님께서 주신 비전을 발견하게 되었어요. 하나님은 남편을 향한 계획이 있음을 발견하였어요. 이것이 성령님께서 나를 도와주셨기 때문에 가능한 것이라고 생각합니다.

상담자 이제 이 모든 과정을 인도해주셨고 자매님의 미래 삶도 인도해주실 성령께 감사드리면서 이것으로 상담을 종결하도록 하겠습니다.

내담자 그동안의 상담, 진심으로 감사드립니다.

우리는 지금까지 성경 이야기 상담 이론과 단계를 공부했습니다. 성경 이야기 상담 8단계를 전체적으로 주관하시는 분은 성령이십니다. 성령께서 단계별로, 성경 이야기를 소재로 내담자의 마음과 영을 감동시키시고 뜨거움을 주시고 그 삶을 새롭게 바라보게 함으로써 그 삶을 재저작하게 하십니다. 성경 이야기 상담에서는 내담자가 재저작한 삶을 혼자 투쟁하면서 살아가지 않고 그것을 도와줄 수 있는 지지 공동체를 만들게 합니다. 성경 이야기 상담에서는 내담자를 지지하고 격려해주고 아픔을 같이할 수 있는 이런 사람들을 통해서 내담자가 자신의 문제를 계속해서 해결해나가는 것입니다.

나 같은 사람도 사랑하시나요?

나는 어린 시절부터 홀로 남겨짐에 대한 두려움이 있습니다. 나에게 먼저 다가오거나 친절하게 대해주는 사람이 있으면 쉽게 정을 주는 경향이 있으며, 많은 상처도 받았습니다. 나는 한 모임에서 8년째 함께 활동하는 싱글 언니의 모습은 여자 혼자 살아갈 수 있다는 것과 세상을 긍정적으로 재밌게 살아가는 것에 대한 힘이 되었습니다. 그러나 그 언니조차 갑작스럽게 첫사랑과 결혼을 함으로 인해 역시 세상은 혼자 살아갈 수밖에 없는 곳이라는 생각이 들었습니다. 나는 혼자 남겨졌다는 슬픔과 배신(?), 좌절, 인생을 살아가는 의욕 상실로 인해 우울한 기분이 5개월째 지속되고 있었고, 그것은 나의 모든 생활에 영향을 끼치고 있었습니다.

나는 이러한 사람에 대한 감정은 해결되지 않은 채 계속 관계를 유지해 나가야 하는 것에 대해 지쳐가고 있었습니다. 나는 어떤 사람을 만나도 어떤 만남을 가져도 기쁨이 없었습니다. 심지어 상처 받는 것이 두려워 사람들에게 정(情)을 주지 말자고 다짐하면서 혼자 있는 시간을 만들어 가능한 한 사람들과의 접촉을 피하려고 하였습니다. 그러면서, 스스로 홀로 서기에 익숙해져야 한다고 최면(?)을 걸고 있으나 잘 안 되었습니다. 미래에 대한 두려움과 인간관계 안에서의 회의감을 느끼는 것이 내가 신앙인으로 바르게 살아가고 있는 것인가에 대해 질문하게 하고 죄책감을 느끼게 합니다.

나는 이러한 상황에서 성경 이야기 상담을 하게 되었습니다. 나는 요한복음 9장 1절~41절을 읽게 되었습니다. 그 말씀에서 맹인이 보게 되었을 때의 그 장면을 생각하면 가슴이 벅차오릅니다. 맹인에게 있어서 예수님은 첫사랑이었을 것입니다. 맹인의 지금까지의 모든 인간관계가 두려움과 불신으로 가득 찬 어둠이었다면, 지금 예수님과의 만남은 기쁨과 설렘, 감사로 가득 찬 빛이었을 것입니다. 환한 빛과 빛으로 오신 예수와의 만남을 가졌을 때 맹인은 어떤 기분이었을까? 그 순간 얼마나 기뻤을까? 얼마나 가슴이 벅찼을까? 그리고 얼마나 감사했을까? 그 감사로 인해 그 뒤의 맹인의 모든 생활과 만남은 빛으로 가득했을 것입니다. 그리고 나는 앞으로 맹인의 삶이 어떻게 될까 기대가 됩니다. 나도 예전에 이런 감동을 겪은 일이 있었는데…… 지금 나는 그 경험과 감격을 잊어버리고 있었던 것은 아닌지 모르겠습니다.

과거, 현재, 미래를 생각할 때 나의 모습은 아무리 벗어나려고 해도 어둠을 벗어날 수 없다고 생각했습니다. 그러나 나는 잊고 있었습니다. 예나 지금이나 항상 나 혼자 어둠 속에 웅크리고 앉아 있을 때 어김없이 내게 손을 내미신 분이 계셨다는 것을. 그리고 내가 그 손을 잡았을 때 내 삶의 관점과 만남에 대한 방향이 긍정적으로 바뀌었다는 것을 잊고 있었습니다. 나는 지금까지 그분과의 첫 만남, 그 설렘을 잊고 있었습니다. 나는 그때의 벅참과 감사함을 기억하며 앞으로의 인생을 살아갈 것입니다. 내 삶의 고백이 끊어지지 않는 한 예수님의 방문은 계속될 것입니다. 그리고 지금까지 내가 맺어왔던 인간관계 속에서 외로움과 실망감을 느꼈다면 또 다른 눈으로 세상을 바라보게 된 지금 이 순간부터 맺을 관계는 또 다른 나로 태어나게 할 것입니다.

10

글쓰기를 통한
자가상담 사례

이 상담사례는 수희(가명)가 성경 이야기 상담으로 한 자가상담입니다. 수희는 성경 이야기 상담의 주어진 질문에 글쓰기를 하는 형식으로 상담을 진행하였습니다.

1단계 : 문제 파악

질문　상담하는 동안 제가 무엇이라고 부르면 좋겠습니까?

대답　음, '지혜?'… 딸 이름과 연관되니… 그냥 '수희'라고 불러주세요.

질문　그 의미는 무엇입니까?

대답　제 이름이에요. 전에는 내 이름이 촌스러운 느낌이 들어서 별로 좋아하지 않았지만…….

질문　오늘 우리가 상담하는 동안 어떤 이야기를 하면 상담이 마쳤을 때 "아! 도움을 받았구나."라고 말할 수 있겠습니까?

대답　저희 부부는 친밀감이 없어요. 남편의 잦은 외도와 거짓말 그리고 술로 인해 신뢰감이 깨졌어요. 이제는 남편이 무슨 말을 해도 믿을 수 없어요. 너무 힘들어요. 퇴근 후 운동하고 누굴 만나고 온다 해

215

도 정말일까? 의심하고, 그런 나의 태도에 힘들어하는 남편, 악순환이 계속되고 있어요. 목사님의 권유로 녹취, 위치추적, 녹음까지 했어요. 그런데 남편은 자기 모든 비밀이 들통 나자 더 과격해지고 걷잡을 수 없는 상황까지 왔어요. 제가 남편 뒷조사한 것에 대한 부작용이 너무 큰 것 같아요. 이젠 더 이상 알고 싶지도 않고, 저 자신이 너무 무기력해요. 아무것도 못하겠어요. 아이들도 다 알게 되고…… '이젠! 이혼밖에 남은 게 없다.'는 생각뿐이에요.

질문   현재 당신이 겪고 있는 갈등이나 또는 고민하는 문제가 있다면 그것은 무엇입니까?

대답   요즘 일상생활이 무기력해요. 아무런 의욕도 없고 너무 갑갑해요. 나는 아무것도 할 수가 없어요.

📖 문제 규정 질문

질문   당신을 가장 힘들게 하는 것은 무엇인 것 같습니까?

대답   남편의 외도로 인해 부부간에 신뢰가 깨어진 것이 나를 가장 힘들게 하는 것 같아요.

질문   당신은 이 문제에 대해서 어떤 생각이나 느낌이 듭니까?

대답   나는 남편에게 배신당했다는 억울한 생각이 들었어요. 나는 이 배신감으로 인해 너무 서글펐고 외로웠어요. 남편으로부터 버림받은 느낌으로 상실감도 들었어요. 이것으로 인해 나는 남편에게 반발심이 생겼고 또한 나의 자존심을 내세우려고 남편의 잘못을 하나하나 간섭하고 지적하며 과민행동을 하게 되었어요. 점점 나의 마음은 황폐해져 갔어요. 그러한 가운데 나의 마음속에는 남편의 잘못된 행동을 어떻게든 고쳐야겠다는 생각이 들었어요. 무엇보다 지금 나는 남편이 전처럼 가정에 충실하여 내가 아내로서 사랑과 존중을 받으며 친밀감을 누리고 싶은 것이 최대의 관심이에요.

질문 오늘 상담을 하면서 마음에 떠오르는 생각이나 느낌은 무엇입니까?

대답 오늘 상담하면서 할 말을 어느 정도 쏟아내고 나니 속이 좀 후련하네요. 지금까지 이런 이야기는 교회친구나 형제들에게도 말할 수 없었어요. 그들 앞에서 울 수도 없었고……

질문 오늘 상담을 하면서 도움이 되었던 것은 무엇입니까?

대답 사실 '이젠 마지막이다. 남은 과제는 이혼밖에 없다'고 생각했는데. 그냥 뭔가 모를 막연한 희망이 느껴지네요.

2단계 : 성경 이야기 선정

질문 당신의 문제와 관련하여 생각나는 성경 이야기가 있습니까? 혹시 있다면 어떤 이야기입니까?

대답 지금 내가 고통 중에 있었기 때문에 처음에는 욥이 생각났습니다. 그런데 조금 더 생각해보니 제 마음에 욥기보다는 오히려 호세아서에 더 마음이 끌리는 것 같아요.

3단계 : 서사적 읽기

질문 선정한 성경 이야기를 하나의 이야기 흐름으로 읽어보세요?

대답 네, 호세아서에 마음이 끌리어 호세아서 1장부터 14장까지 읽었습니다.

질문 호세아의 이야기를 들려줄 수 있습니까?

대답   호세아는 하나님의 말씀에 순종하여 음란한 여인 고멜과 결혼하는 것으로 이야기가 시작됩니다. 아내 고멜은 남편의 사랑에 올바른 반응은커녕 아이를 낳고도 음행을 계속합니다. 그 아내를 용서하고 받아들이는 호세아.

하나님께서는 호세아가 그의 아내를 사랑하는 것처럼 이스라엘을 사랑하지만, 이스라엘 백성은 마치 계속 음행하는 여인 고멜과 같음을 비유로 말하고 있습니다. 이스라엘은 "완강한 암소처럼 완강하다", "그들이 하나님을 버리고 음행하였다", "그들이 홀로 떨어진 들나귀처럼 앗수르로 갔고…", "너희는 악을 밭 갈아 죄를 거두고 거짓 열매를 먹었나니…" 너무나 사랑하는 백성들의 우상숭배에 대해 고함치는 하나님. 또한 징계를 선언하고 무서운 회초리를 들겠다, 심판하겠다고 거듭 책망하시는 목소리가 들립니다.

그런 중에도 중간중간 "그러나…", "그러나…", "너희는 살아 계신 하나님의 아들이라 할 것이라", "나의 긍휼이 온전히 불붙듯 하도다…", "어찌 내가 너를 놓겠느냐? 어찌 내가 너를 버리겠느냐?" 애끓는 하나님의 목소리가 들립니다. 그럼에도 불구하고 하나님의 사랑을 모르고 돌아오지 않는 백성들은 광야에 내팽겨쳐지고 이스라엘이 가혹한 형벌을 통해 깨닫고 돌아오게 될 때 다시 그들을 회복시켜주시겠다고 선언합니다. 이는 집 나간 아내를 다시 데리고 오는 호세아의 모습을 통해 비유됩니다. 끝까지 여호와께 돌아오라는 호세아의 절규. 회개의 권고와 회복과 영광스런 미래에 대한 약속으로 이야기는 마무리됩니다.

자기 백성을 끝까지 사랑하시는 그 하나님. 그 진실한 음성, 더할 나위 없이 깊고 부드러운 온유한 목소리로 "내가 너를 사랑한다.

너는 내 소중한 딸이다!"라고 오늘 내게 말씀하시는 이야기입니다.

📖 등장인물에 대한 질문

질문   이야기에 등장하는 인물은 누구입니까?

대답   등장인물은 하나님, 호세아, 고멜, 디블라임, 이스르엘, 로루하마,
        로암미, 이스라엘 민족, 에브라임입니다.

질문   이야기에서 주된 인물은 누구이며, 보조적인 인물은 누구입니까?

대답   주된 인물은 호세아와 고멜이고, 보조적인 인물은 디블라임, 이스
        르엘, 로루하마, 로암미입니다.

질문   등장인물들의 성격은 어떻습니까?

대답   호세아는 입체적인 성격인 것 같고, 고멜은 평면적인 성격인 것 같
        습니다.

질문   호세아의 말투는 어떻습니까?

대답   호세아의 말투는 부드럽지만 단호합니다.

질문   호세아의 행동거지는 어떻습니까?

대답   그는 순종적이며 적극적인 것 같습니다.

질문   호세아는 어떤 생각을 하고 있는 것 같습니까?

대답   그는 하나님의 말씀이라면 어떤 경우라도 절대 신뢰, 절대 순종하
        려고 생각하는 것 같습니다.

질문   호세아의 정서(감정)는 어떻습니까?

대답   그는 아마도 마음으로 '하나님이 나에게 이렇게까지 하게 하나?'라
        는 약간의 원망이나 화남도 있었을 것 같습니다.

질문   호세아의 신념이나 가치관은 무엇인 것 같습니까?

대답   그는 선지자로서 하나님 말씀과 뜻은 진리이며 순종해야 한다는

신념을 갖고 있는 것 같습니다. 그것은 호세아서 1장 2절에서 3절 말씀과 3장 1절에서 3절 말씀을 보면 호세아가 전적으로 하나님의 말씀에 순종하는 것을 볼 수 있습니다.

호세아 1장 2절에서 3절 : "여호와께서 처음 호세아에게 말씀하실 때 여호와께서 호세아에게 이르시되 너는 가서 음란한 여자를 맞이하여 음란한 자식들을 낳으라 이 나라가 여호와를 떠나 크게 음란함이라 하시니. 이에 그가 가서 디블라임의 딸 고멜을 맞이하였더니 고멜이 임신하여 아들을 낳으매."

호세아 3장 1절에서 3절 : "여호와께서 내게 이르시되 이스라엘 자손이 다른 신을 섬기고 건포도 과자를 즐길지라도 여호와가 그들을 사랑하나니 너는 또 가서 타인의 사랑을 받아 음녀가 된 그 여자를 사랑하라 하시기로 내가 은 열다섯 개와 보리 한 호멜 반으로 나를 위하여 그를 사고 그에게 이르기를 너는 많은 날 동안 나와 함께 지내고 음행하지 말며 다른 남자를 따르지 말라 나도 네게 그리하리라 하였노라."

질문   등장인물들의 환경은 어떻습니까?

대답   호세아가 살아가는 환경은 이스라엘 백성들의 우상숭배가 극에 달한 때였습니다. 이스라엘 백성들은 하나님을 버리고 바알과 아스다롯을 섬기고, 농사를 위해 바알신전에서 음란한 행위를 일삼던 때였습니다.

질문   주된 등장인물과 다른 사람들과의 관계는 어떻습니까?

대답   호세아는 이스라엘의 온 민족이 우상숭배를 섬기던 때 선지자였습니다. 선지자인 호세아는 음란한 여인 고멜을 향해 지고지순한 사랑을 합니다. 그러나 고멜은 남편의 사랑을 도무지 몰라주고 이전에 행하던 음행을 멈추지 않습니다.

질문 주된 등장인물의 하나님과의 관계는 어떻습니까?

대답 호세아는 선지자로서 하나님의 뜻이라면 무조건 순종하며 절대적
인 관계를 맺고 있습니다. 그는 하나님의 말씀이라면 지금 자신의
생각과 달라도 전적으로 하나님의 말씀에 순종하는 것 같습니다.

 사건에 대한 질문

● 사건 규정

질문 이 이야기에서 어떤 사건이 일어나고 있습니까?

대답 하나님이 거룩한 사람 호세아에게 음란한 여인 고멜과 결혼하게
하는 사건이 일어났습니다. 고멜은 호세아와 결혼을 하였지만 다
시 집을 나가 음란한 삶을 살아갑니다. 그러나 고멜은 하나님의 뜻
에 따라 집 나간 아내 고멜을 용서하고 집에 데려옵니다.

질문 이 이야기에서 주된 사건은 무엇이며, 부수적인 사건들은 무엇입
니까?

대답 호세아서의 주된 사건은 호세아가 음란한 여인인 고멜을 아내로
맞이하는 사건입니다. 그리고 부수적인 사건은 고멜이 자녀를 낳
은 후에도 남편을 버리고 집을 나갔을 때 그녀를 다시 데리고 오는
사건입니다.

질문 주된 사건에 관련된 인물들은 누구이며, 그들 상호 간의 관계는 어
떠합니까?

대답 주된 사건에 관련된 인물은 호세아와 고멜입니다. 호세아는 고멜
을 끊임없이 사랑하고 그녀의 잘못을 용서하는 반면에 고멜은 남

편의 이러한 마음을 몰라주고 계속 그로부터 도망하려고 합니다.

● 사건의 진행 상황

질문　이 사건이 발생하게 된 원인은 무엇입니까?

대답　사건이 발생하게 된 것은 호세아가 하나님의 말씀에 순종하면서 시작됩니다. 하나님은 호세아에게 "음란한 여인 고멜을 아내로 맞아 자식을 낳으라"고 명령하였습니다. 호세아가 그 하나님의 말씀에 순종하면서 사건이 발생합니다.

질문　주된 갈등 상황은 무엇이며, 어떻게 진행되고 있습니까?

대답　주된 갈등 상황은 가출과 음행을 반복하는 아내와 그런 아내를 하나님의 말씀에 따라 계속해서 용서하고 받아들이는 남편 호세아의 상황입니다. 반복적으로 음행과 가출을 일삼는 아내와 하나님의 뜻에 의해 그런 아내를 용서하고 찾아오는 남편입니다. 호세아가 아내의 반복되는 가출과 음행을 용서해주고 사랑해주어도 결국 고멜은 가출과 음행을 반복하고 있습니다. 그럼에도 불구하고 호세아는 고멜을 안타가워하며 끝까지 용서하고 사랑하고 있습니다.

질문　이 사건에서 갈등의 시작은 무엇입니까?

대답　결혼한 여인이 남편을 사랑하지 않고, 배신하여 집을 나감으로 갈등이 시작되었습니다.

질문　이 사건에서 갈등의 절정은 언제입니까?

대답　고멜은 호세아와 결혼하여 아들과 딸을 낳은 후에 다시 다른 남자의 사랑을 받고 음란한 여인이 되었습니다. 그녀는 지금 다른 남자의 품에 안겨 있습니다.

질문　이 갈등(사건)이 어떻게 해결되어가기 시작합니까?

대답 그런데 하나님은 호세아에게 이런 아내를 사랑하라고 말씀하십니다. 하나님은 호세아에게 음행과 가출을 일삼는 아내를 그럼에도 불구하고 사랑하며 데리고 오라고 말씀하십니다. 이 사건이 해결되기 시작하는 시점은 하나님께서 호세아에게 아내를 사랑하고 집으로 데리고 오라는 말씀에서부터 시작됩니다. 호세아 3장 1절 말씀입니다. "여호와께서 내게 이르시되 이스라엘 자손이 다른 신을 섬기고 건포도 과자를 즐길지라도 여호와가 그들을 사랑하나니 너는 또 가서 타인의 사랑을 받아 음녀가 된 그 여자를 사랑하라."

질문 이 갈등은 어떤 사건으로 인해 궁극적으로 해결됩니까?

대답 호세아는 하나님의 이러한 말씀에 그대로 순종합니다. 그는 음녀가 된 아내를 탓하거나 원망하지 않고 대가를 지불하면서까지 "사랑하라!"는 말에 순종합니다. 그는 아내를 사랑하면서 그 대가를 지불하여 집으로 데리고 옵니다. 호세아 3장 2절과 3절 "내가 은 열다섯 개와 보리 한 호멜 반으로 나를 위하여 그를 사고 그에게 이르기를 너는 많은 날 동안 나와 함께 지내고 음행하지 말며 다른 남자를 따르지 말라 나도 네게 그리하리라 하였노라." 이렇게 호세아가 하나님의 말씀에 순종하여 아내를 사랑하여 데리고 오면서부터 갈등이 궁극적으로 해결되어가고 있습니다.

질문 전체 이야기에서 이 주된 사건은 다른 사건들에 어떤 영향을 주고 있습니까?

대답 호세아가 고멜의 죄를 덮어주면서 끝없이 사랑하는 사건이 하나님께서 끝없이 범죄하는 이스라엘을 구원하시는 사건과 관련되어 있습니다.

● 배경 규정 질문

질문   이 이야기의 시대적 배경은 무엇입니까?

대답   호세아서의 시대적 배경은 여로보암 2세의 시대 북왕국 사상 최고의 번영기였습니다. 북이스라엘은 내적으로 종교적으로 하나님을 떠나 우상숭배를 하고 도덕적으로는 타락이 극에 달했습니다. 그리고 외적으로는 앗수르의 위협이 늘 있었습니다.

질문   이 이야기가 전개되고 있는 장소는 어디입니까?

대답   북이스라엘의 죄악과 심판을 경고하는 것으로 보아 사마리아인 것 같습니다. 즉 이 이야기는 북이스라엘을 중심으로 이야기가 전개되고 있습니다.

질문   이 이야기는 언제 일어났습니까?

대답   이야기가 전개되는 시간은 북 이스라엘의 여로보암이 왕이 된 시대입니다. 이때 남유다는 히스기야가 왕이었습니다. 이 시기부터 이야기가 전개되고 있습니다.

질문   이러한 배경이 등장인물들과 사건들에 어떤 영향을 미칩니까?

대답   물질적으로 풍요로운 이스라엘 백성들은 하나님을 떠나 우상숭배와 타락이 극에 달하게 됩니다. 그리고 이스라엘 백성은 하나님을 떠남으로 인해 음란한 행위가 만연해 있음을 볼 수 있습니다. 이와 같이 이스라엘 백성들은 물질적으로는 풍요로웠지만 영적으로 빈곤한 상태였습니다. 그러나 그 가운데서도 호세아는 하나님의 말씀에 전적으로 순종하는 모습을 보게 됩니다.

 **플롯에 대한 질문**

질문 저자가 이 이야기를 통해 말하고자 하는 것은 무엇입니까?

대답 계속되는 죄악에도 불구하고 끝까지 자기 백성을 용서하고 사랑하시는 하나님의 사랑을 말하고자 합니다. 이스라엘 백성들이 선택된 백성으로 살아가는 것은 그들의 패역과 죄악에도 불구하고 용서하시는 하나님의 사랑 때문입니다.

질문 저자가 들려주고자 하는 메시지는 어떻게 표현되어 있습니까?

대답 하나님을 떠나 우상숭배를 하는 이스라엘 백성들을 음란한 여인 고멜로 상징화하고 있습니다. 그리고 하나님의 끊임없는 사랑은 그러한 여인을 아내로 맞아들이는 호세아로 표현되고 있습니다. 호세아는 음란한 여인인 고멜을 아내로 맞이하여 아들과 딸까지 낳았지만, 고멜은 또 다시 다른 남자의 품에 안겨 음란한 생활을 하고 있습니다. 그러나 호세아는 그러한 아내를 하나님의 말씀에 따라 용서할 뿐만 아니라 사랑하게 됩니다. 저자는 당시 이스라엘의 영적 상태가 마치 고멜이 음행을 하고 남의 손에 팔린 것과 같은 상태임을 깨닫게 하여 하나님의 자비와 긍휼을 선포하며 "여호와께 돌아가자"고 외치고 있습니다.

4단계 : 인력 탐구

 인력 탐구 질문

질문 이 이야기 중에서 가장 감동적인 부분은 어떤 것입니까?

대답 호세아 11장 1절에서 4절과 11장 8절에서 11절 말씀입니다.

호세아 11장 1절에서 4절 : "이스라엘이 어렸을 때에 내가 사랑하여 내 아들을 애굽에서 불러냈거늘 선지자들이 그들을 부를수록 그들은 점점 멀리하고 바알들에게 제사하며 아로새긴 우상 앞에서 분향하였느니라 그러나 내가 에브라임에게 걸음을 가르치고 내 팔로 안았음에도 내가 그들을 고치는 줄을 그들은 알지 못하였도다 내가 사람의 줄 곧 사랑의 줄로 그들을 이끌었고 그들에게 대하여 그 목에서 멍에를 벗기는 자같이 되었으며 그들 앞에 먹을 것을 두었노라."

호세아 11장 8절에서 11절 : "에브라임이여 내가 어찌 너를 놓겠느냐 이스라엘이여 내가 어찌 너를 버리겠느냐 내가 어찌 너를 아드마같이 놓겠느냐 어찌 너를 스보임같이 두겠느냐 내 마음이 내 속에서 돌이키어 나의 긍휼이 온전히 불붙듯 하도다 내가 나의 맹렬한 진노를 나타내지 아니하며 내가 다시는 에브라임을 멸하지 아니하리니 이는 내가 하나님이요 사람이 아님이라 네 가운데 있는 거룩한 이니 진노함으로 네게 임하지 아니하리라 그들은 사자처럼 소리를 내시는 여호와를 따를 것이라 여호와께서 소리를 내시면 자손들이 서쪽에서부터 떨며 오되 그들은 애굽에서부터 새 같이, 앗수르에서부터 비둘기같이 떨며 오리니 내가 그들을 그들의 집에 머물게 하리라 나 여호와의 말이니라."

질문   이 이야기의 등장인물, 사건, 배경, 플롯 가운데서 어느 부분에 가장 끌립니까?

대답   등장인물입니다.

질문   마음에 끌리는 척도가 1점에서 10점까지 있습니다. 가장 낮은 점수가 1점이고, 가장 높은 점수는 10점입니다. 현재 당신의 인력 반응

척도는 몇 점입니까?

대답   등장인물에 끌리는 점수가 10점입니다.

질문   그 점수의 의미는 무엇입니까?

대답   내가 보기에는 용서받을 수 없을 정도로 반복되고 거듭되는 죄를 짓는 백성을 향해 사랑을 고백하는 하나님의 그 큰 사랑, 차원 높은 사랑을 보았기 때문입니다.

질문   이 이야기에서 내 삶을 새롭게 바라보게 하는 것이 있다면 그것은 무엇입니까?

대답   남편을 버리고 집을 나가 음행하는 여인 고멜. 그런 아내를 끝까지 용서하고 사랑하는 남편 호세아. 우상숭배에 빠진 이스라엘 백성들의 잘못된 행위들을 안타까워하면서도 여전히 사랑하고 받아주는 하나님의 태도에 새로운 눈이 열렸습니다.

내담자는 이야기의 구성 요소 가운데 등장인물에 인력을 느꼈기 때문에 '등장인물'을 중심으로 인력 탐구를 합니다.

📖 등장인물 인력 탐구 질문

질문   이 이야기의 등장인물들 중 마음에 가장 끌리는 사람은 누구입니까?

대답   호세아입니다.

질문   그 사람의 어떤 부분에 마음이 끌립니까?

대답   아내의 어떠한 잘못된 행동에도 흔들리지 않는 모습이 끌립니다.

질문   이 사람이 겪고 있는 문제는 무엇이며, 그 문제의 원인은 무엇이라고 생각합니까?

대답	아내와의 관계, 부부 문제입니다. 그 문제의 원인은 아내의 음행이라고 생각합니다.
질문	이 사람은 그 문제를 어떻게 해결했습니까?
대답	호세아는 처음부터 하나님의 말씀에 순종합니다. 하나님께서는 호세아에게 직접 말씀하셨습니다. 호세아서에 나오는 사건의 시작도 하나님께서 호세아에게 직접 명령하시는 것으로부터 출발합니다. 그리고 그 문제의 해결도 하나님께서 호세아에게 어떻게 해야 할지 직접 말씀하시고, 호세아는 그 말씀에 순종하면서 해결되어가기 시작합니다. 또한 호세아가 하나님의 말씀에 순종하여 아내에게 사랑을 베풂으로 해결되어갑니다. 즉 문제 해결은 하나님의 말씀과 사랑이라고 말할 수 있습니다.
질문	이 사람의 문제 해결 방안이 당신의 문제에 어떤 도움을 줄 수 있습니까?
대답	문제 속에 빠져 허우적거리던 나에게 호세아의 흔들리지 않는 자세가 마음에 와 닿습니다. 호세아는 상황과 환경에 굴하지 않고 끝까지 하나님 말씀에 순종하며, 하나님 시각에서 문제를 바라보는 그 자세와 태도가 큰 도움이 됩니다.

5단계 : 조명자료 발견

질문	'호세아의 흔들리지 않는 사랑'에서 강한 인력을 느꼈는데, 이 부분에서 찾을 수 있는 메시지는 무엇입니까?
대답	"내가 어찌 너를 놓겠느냐? 내가 어찌…… 어찌 너를……." 이스라엘이 잘못하고 있음에도 불구하고 애끓는 사랑의 고백을 하고 있

질문	이 메시지는 당신의 삶에 어떤 의미가 있습니까?
대답	남편의 외도로 인해 흔들리는 우리 가정을 향해 하나님이 "어찌 내가 널 놓겠느냐? 어찌……." 하는 목소리가 들립니다. 이 목소리는 우리 가정을 향하신 사랑, 남편을 향한 사랑의 목소리로 들립니다.
질문	이 메시지에 이름을 붙인다면 무엇이라고 할 수 있습니까?
대답	'두려워하지 말라'입니다.
질문	그 의미는 무엇입니까?
대답	나는 정말 무서웠어요. 남편의 외도로 친밀감이 깨어지고 가정이 흔들려 두려웠어요. 그 두려움이 극에 달했었는데 이제 하나님의 사랑, 그 말씀의 밧줄을 잡아야겠다는 생각을 해봅니다.

는 하나님의 차원 높은 큰 사랑을 보았습니다.

6단계 : 조명자료 강화

 조명자료와 유사한 성경 이야기

질문	당신 생각에 '두려워하지 말라'와 관련된 이야기가 있습니까?"
대답	이사야 41장 10절과 13절 말씀입니다. "두려워하지 말라 내가 너와 함께함이라 놀라지 말라 나는 네 하나님이 됨이라 내가 너를 굳세게 하리라 참으로 너를 도와주리라 참으로 나의 의로운 오른손으로 너를 붙들리라…… 이는 나 여호와 너의 하나님이 네 오른손을 붙들고 네게 이르기를 두려워하지 말라 내가 너를 도우리라 할 것임이니라."
질문	이 성경 말씀을 이야기하면서 당신에게 일어나는 생각이나 느낌은 무엇입니까?

대답 그동안 내가 너무 두려움 속에 빠져 있었구나라는 생각이 듭니다. 그리고 조금 편안해집니다.

📖 다른 유사한 성경 이야기

질문 '두려워하지 말라'와 관련된 또 다른 이야기가 있습니까?

대답 욥의 이야기입니다. 욥의 이야기 가운데 욥기 23장 10절 말씀이 생각납니다.

질문 그 성경 말씀을 들려줄 수 있습니까?

대답 욥은 말할 수 없는 고난과 어려움을 겪으면서도 다음과 같이 고백하고 있습니다. "그러나 내가 가는 길을 그가 아시나니 그가 나를 단련하신 후에는 내가 순금 같이 되어 나오리라." 그는 자신에게 주어진 현실과 삶을 돌아보면서 하나님을 원망하지 않고 고난을 통한 하나님의 뜻을 발견하려고 노력하고 있습니다. 그리고 그 고난을 통해 앞으로 이루어질 소망을 바라보고 있습니다.

질문 이 성경 말씀을 이야기하면서 당신에게 일어나는 생각이나 느낌은 무엇입니까?

대답 하나님이 나의 길을 아신다는 생각이 듭니다. 하나님께서 나의 길을 아신다고 생각하니 마음이 훨씬 더 평온해졌습니다.

📖 또 다른 유사한 성경 이야기

질문 '두려워하지 말라'와 관련된 또 다른 이야기가 있습니까?

대답 여호수아 이야기입니다. 특히 여호수아서 1장 9절 말씀입니다.[1]

---

1 강하고 담대하라. 두려워하지 말며 놀라지 말라. 네가 어디로 가든지 네 하나님 여호와가 너와 함께하느니라.

질문	그 성경 이야기를 들려줄 수 있습니까?
대답	여호수아가 모세의 뒤를 이어 이스라엘의 지도자로 부름을 받은 순간입니다. 이때 여호수아는 자신이 이스라엘 백성의 지도자가 되는 것이 매우 두려웠습니다. 늘 불평불만하는 이스라엘 백성들, 곳곳에 있는 이방민족들의 위험들…… 모든 것이 막막하고 두려운 여호수아에게 하나님께서 "두려워 말라 내가 너와 함께할 것이다."라고 말씀하시면서 용기와 격려를 주고 있습니다.
질문	이 성경 말씀을 이야기하면서 당신에게 일어나는 생각과 느낌은 무엇입니까?
대답	내 자아가 너무 강해서 하나님이 함께하심을 잊고 두려워하고 놀랐던 내 모습이 다시 생각납니다. 그러면서 이제 온전히 문제를 하나님께 맡기고 내가 먼저 남편에게 더 가까이 가서 사랑할 것입니다. 이렇게 할 생각을 하니깐 마음이 설레기까지 합니다.

📖 조명자료와 관련된 성경 구절을 찾는 질문

질문	당신 생각에 '두려워하지 말라'와 관련된 성경 구절이 있습니까? 있다면 그 성경 구절은 어떤 내용입니까?
대답	네, 있습니다. 신명기 31장 6절 말씀입니다. "너희는 강하고 담대하라 두려워하지 말라 그들 앞에서 떨지 말라 이는 네 하나님 여호와 그가 너와 함께 가시며 결코 너를 떠나지 아니하시며 버리지 아니하실 것임이라 하고."
질문	이 성경 구절을 말하면서 당신에게 일어나는 생각이나 느낌은 무엇입니까?
대답	이제는 더 이상 두려워하거나 떨지 말아야겠다. 하나님이 결코 나

를 떠나지 않고 함께하신다는 생각이 듭니다. 이런 생각 하니 내 마음이 한결 잠잠하고 고요해지는 것 같습니다.

📖 조명자료와 유사한 찬송가를 찾는 질문

질문 당신 생각에 '두려워하지 말라'와 관련된 찬송가 또는 복음송가가 있습니까? 있다면 어떤 가사가 마음에 와 닿습니까?

대답 '내 길 더 잘 아시니'입니다.

질문 당신 생각에 '두려워하지 말라'와 관련된 찬송가 또는 복음송가가 있습니까? 있다면 어떤 가사가 마음에 와 닿습니까?

대답 '누군가 널 위하여'입니다. 특히 '우리의 연약함을 아시고 사랑으로 인도하시네.'라는 가사가 마음에 와 닿습니다.

📖 강화된 조명자료에 이름을 붙이는 질문

질문 당신은 강화된 조명자료에 이름을 붙인다면 무엇이라고 하겠습니까?

대답 나는 '번지점프'라고 이름을 붙이고 싶습니다.

질문 그 이름의 의미는 무엇입니까?

대답 이제 나는 두렵고 무서워하는 게 아니라 하나님의 약속 말씀을 붙잡고 믿음으로 일어서야겠습니다. 번지점프는 믿음의 번지점프를 해야겠다는 의미입니다. 현재 내가 겪고 있는 문제를 하나님께 맡겨버리면, 이제 나는 벼랑 위에서 두려워 떨고 있는 게 아니라 자유롭게 누릴 수 있을 것 같습니다.

7단계 : 재저작

재저작은 과거, 현재, 미래 순으로 작성하고, 그 후 주 호소 문제를 조명자료로 재저작 합니다.

 과거 재저작 질문

질문 당신의 가까운 과거에 '두려워하지 말라'와 관련된 유사한 사건이나 경험이 있습니까? 있다면 그 이야기를 들려줄 수 있습니까?

대답 남편이 진급에 실패했을 때입니다. 남편 동료들은 모두 진급하여 기뻐할 때 우리 가족은 너무 초라하고 부끄러웠습니다. 그때 저는 나의 자존심 다 내려놓고 하나님께 기도하며 믿음으로 소망 가운데 잘 견디어냈습니다. 사실 처음에는 매우 두렵고 힘들었지만 온 가족이 더욱 하나가 되고 '그리 아니하실지라도' 찬양하면서 감사하며 더 성숙하게 되었습니다. 그때 참 많이 자유로웠습니다.

질문 이 이야기를 하면서 당신에게 일어나는 느낌이나 감정은 무엇입니까?

대답 아, 그때 그렇게 힘들었는데 더 큰 선물, 무엇과도 바꿀 수 없는 선물을 받았구나!라는 생각으로 가슴이 뭉클해집니다.

질문 '두려워하지 말라'에 비추어볼 때, 당신의 과거의 삶의 이야기가 어떤 메시지를 주는 것 같습니까?

대답 믿음으로 번지점프를 할 때 처음엔 두렵지만 더 값지고 귀한 것을 얻게 됨을 배웠습니다. '두려워하지 말라 하나님의 신실하심을 믿고 견디며 자유하라'는 메시지를 주시는 것 같습니다.

질문   현재 당신의 삶에 '두려워하지 말라'와 관련된 유사한 사건이나 경험이 있습니까? 있다면 그 이야기를 들려줄 수 있습니까?

대답   현재 저는 '두려워하지 말라'와 유사한 경험을 하고 있습니다. 나는 이제부터 남편을 의심하지 않고 믿어주기로 했습니다. 남편의 행동으로 인해 흔들리고 두려워하던 내가 말씀을 의지하며 번지점프를 시작했으니까요. 더 이상 두려워 떨지 않고 자유를!

질문   이 이야기를 하면서 당신에게 일어나는 느낌이나 감정은 무엇입니까?

대답   나 자신이 참 대견한 것 같습니다. 아직 현실이 달라진 건 아무것도 없는데 남편을 너무 몰아붙였던 나를 보고 나니 부끄럽고, 남편이 오히려 불쌍하게 느껴집니다. 그리고 남편이 좀 편안해 보였습니다.

질문   '두려워하지 말라'에 비추어볼 때, 당신의 현재 삶의 이야기가 어떤 메시지를 주는 것 같습니까?

대답   문제에 너무 빠져 있었던 나, 너무 완벽하고 조급해하던 나를 발견했습니다. 남편을 더 품어주고 한 차원 높은 사랑을 하라는 메시지 같습니다.

📖 주 호소 문제 재저작 질문

질문   당신의 문제(파악된 문제)를 '두려워하지 말라'로 새롭게 바라보면 어떻게 이야기할 수 있습니까?"

대답   내 감정에 너무 빠져 있었던 시간들이었죠. 그 시간들은 두렵고, 무섭고, 무기력한 나로 만들었습니다.

질문	이 이야기를 하면서 당신에게 일어나는 느낌이나 감정은 무엇입니까?
대답	남편을 내 생각의 틀 속에 넣어 조정하려 했던 것들이 부끄러워요. 완벽을 요구하는 아내로 인해 외도, 술로 내몰렸던 남편이 오히려 불쌍하다는 생각이 들어요.
질문	'두려워하지 말라'에 비추어볼 때, 당신의 주 호소 문제는 어떤 메시지를 주는 것 같습니까?
대답	나의 연약함을 다시 발견하게 되는 시간이 되었습니다. 하나님의 뜻과 하나님의 끝없는 사랑보다 율법주의적인 신앙관으로 남편을 몰아붙였던 것들을 깨닫게 되는 시간이었습니다.

 미래 재저작 질문

질문	이제 좀 다른 질문을 하고자 합니다. 이번에는 상상력을 발휘하여야 합니다. 자! 조명자료인 '두려워하지 말라'로 당신의 미래 삶에 대해 상상해보시기 바랍니다. 당신의 삶은 어떻게 될 것 같습니까?
대답	(10년 후) 교회 잔디밭에서 오늘 교구모임이 있습니다. 남편은 3년 전부터 교구장으로 섬기면서 모임 때마다 음식으로 교구 식구들을 섬기며 대접하고 있습니다. 사실 남편은 직장에서 근무하는 틈틈이 일식, 중식 조리사 자격증을 따고 지금은 양식 조리사에 도전중입니다. 남편은 퇴직 후 음식에 관계되는 일을 하고 싶어 합니다. 큰딸은 올해 대학 졸업반입니다. 지난해 1년 동안 영국에서 어학연수를 하며 참 많이 성장했습니다. 한결같이 외교관의 꿈을 품고 기도하더니 이제 졸업하면 그 꿈을 이루기 위해 더욱 달음박질할 우리 딸이 기대됩니다. 스튜어디스가 꿈인 둘째 딸은 ○○○대학

교 2학년 재학 중입니다. 둘째 딸은 이모 집에서 함께 살면서 이모가 다니는 교회 청년부 찬양단에서 봉사도 열심히 하고 신앙생활도 잘한다는 소식에 흐뭇합니다. 나는 오늘도 바쁘게 하루를 보내고 있습니다. 월요일 교회 화장실 청소, 화요일 전도, 수요일 Q.T. 모임, 목요일과 금요일은 심방, 합창단 활동 등으로 바쁜 나날을 보내고 있습니다. 나는 늘 이런 시간을 꿈꾸어왔습니다. 삶의 많은 고비들을 잘 넘기고 여기까지 온 것이 꿈만 같습니다. 그때마다 하나님이 나와 함께하시고, 하나님께 더 가까이 나아가게 하시고, 말로 다 표현할 수 없는 크신 사랑과 은혜를 베풀어주신 하나님께 영광을 올려 드립니다. 우리의 이야기를 풀어가시는 하나님을 신뢰하며 내 인생의 마지막 이야기를 어떻게 펼치시든 가장 최선의 것을 주시는 하나님께 감사드립니다.

질문 지금 이 이야기를 하면서 당신에게 일어나는 느낌이나 감정은 무엇입니까?

대답 매우 신나고 기대되며 마음속 깊은 곳에서 벅찬 감동이 밀려옵니다.

질문 이 새로운 이야기는 당신의 삶에 어떤 영향을 줄 것 같습니까?

대답 나는 하나님의 멋진 시나리오 안에 있는 귀한 딸인 것에 대한 확신이 듭니다. 나는 무기력이나 두려움이 아닌 기대감으로 신나게 꿈꾸며 일하게 될 것 같습니다. 가정에 다시 활기가 생기게 하고 남편과 아이들을 바라보는 시각이 달라질 것 같습니다.

8단계 : 지지적 신앙 소그룹 형성

질문 삶에서 당신을 가장 잘 이해하면서 비난하지 않고 받아들여주는 사람들이 있습니까? 있다면 그 사람들은 누구입니까?

대답 처음부터 나의 이야기를 들어주시고 무조건 내편이 되어주신 목사님과 그리고 내 문제와 갈등의 중심에 있지만 그래도 이해해주는 남편과 사랑스런 딸 둘이 있습니다. 언니와 형부 그리고 친구 옥자, 숙희, 영숙이가 있습니다.

질문 그 사람들을 만날 수 있습니까? 만날 수 있다면 어떻게 만날 수 있습니까?

대답 그 사람들은 언제든지 만날 수 있습니다. 내가 전화하거나 달려가면 언제든지 만날 수 있습니다.

질문 당신은 이 상담에서 성령께서 함께하신다는 것을 어떻게 느낄 수 있었습니까? 그 영적인 체험에 대해 이야기해줄 수 있습니까?

대답 상담을 하는 동안 성령님이 함께하시는 분임을 경험했습니다. 이혼이라는 극단적인 생각을 하던 내게 성령님 함께하시어 말씀을 통하여 나의 관점을 변화시켜주신 것을 찬양합니다. 성령님이 주체가 되어 남편의 외도라는 큰 문제는 있었지만 오히려 나 자신의 모습을 발견하게 하심은 놀랍습니다. 성령님의 도우심으로 휴식할 수 있는 가정을 만들어야겠다는 생각을 하게 하셨습니다. 성령님의 지혜가 아니고서는 도저히 생각할 수 없는 관점의 변화였습니다.

질문 상담을 마치면서 마지막으로 나누고 싶은 이야기가 있습니까?

대답 성령님은 나에게 나의 자아중심적이고 개인주의적이며 아주 은밀한 영역의 죄성으로 하나님과의 단절된 모습을 보게 하였습니다. 하나님과의 관계회복은 내가 무엇을 해야 한다는 행동중심(doing)에서 자녀의 신분(being)을 누릴 수 있도록 새롭게 하셨습니다. 이제 자유(freedom)를 소리쳐봅니다. 이번 상담은 위기 문제 가운데 성경 이야기를 통하여 나의 참 존재의식을 갖게 하는 멋진 기회가 되었습니다.

어느 성경 이야기 상담사의 마음 기술

상담의 효과

처음 성경 이야기 상담을 시작할 때는 솔직히 두렵고 긴장이 되었습니다. 상담자인 내가 잘 이끌어갈 것인가가 두려웠고, 내담자가 이해를 못해서 흥미를 잃을까 봐 염려가 되었습니다. 처음 문제 파악에서 성경 이야기 선정으로 넘어가는 시점에는 저항이 일어나서 문제 파악을 거의 4회기에 걸쳐서 진행했습니다.

다행스럽게도 내담자가 서사적 읽기의 둘째 시간부터 의욕을 보이기 시작해서 인력 탐구, 조명자료 발견부터는 성령의 강한 임재를 경험했습니다. 내담자도 강한 깨달음을 이야기하며 계속 감사를 했습니다. 전에는 부정적으로만 보던 과거의 경험들도, 불확실해서 불안했던 미래도 이제는 본인의 시선이 아닌 하나님의 시선으로 보게 되었습니다. 다시 말하면 이전에는 현재 자신에게 일어나는 사건에만 매여 있었다면 이제는 좀 더 큰 틀 안에서 자신의 삶을 보게 된 것입니다.

239

내담자의 마음 기술

"새로운 경험이었요. 그러나 솔직하게 말하면 처음에는 좀 지루하고 답답했어요. 오히려 이전의 방법이 더 좋다는 생각을 했어요. 그런데 하나님께서 이렇게 자신의 생각을 정리할 수 있도록 인도해주심이 너무 놀라워요. 이제까지 내가 모든 것들을 너무 편협하고 부정적으로 보았어요. 지금은 엄마에 대한 감정이, 따지고 싶은 마음도 생기지 않고 원망의 마음도 없어졌어요. 그리고 또 한 가지 생각은 엄마는 그냥 엄마로서의 책임을 다하신 분이구나라는 생각이 들었어요. 그러므로 이제는 좀 자유로울 수 있겠어요. 정말 저도 이렇게 해결되리라고는 생각을 못했어요. 감사하지요."

상담을 마치면서……

성경 이야기 상담을 통하여 나의 삶의 이야기를 다시 써본 경험은 있지만 성경 이야기 상담으로 상담을 하기는 처음이었습니다.

"성경 이야기 상담의 주체는 성령님이시다."라는 부분이 성경 이야기 상담을 개인상담으로 시도해보려는 나에게는 큰 용기와 힘이 되었습니다. 매 회기마다 긴장되고 불안하기도 하였습니다. 그러므로 상담 시간 전에는 항상 기도를 할 수밖에 없었습니다. 성령님이 사담의 주체가 되시므로 '나는 모른다. 그러나 성령님께서 내담자에게 가장 유익하고 적합한 길로 인도해주실 것이다.'라는 믿음으로 사담에 임하기는 하였지만 내가 부족하여서 혹시 성령님의 역하심을 방해하지는 않을까라는 두려움도 있었음을 부정할 수 없습니다.

특히 이번 상담에서는 이제까지와는 달리 내담자의 주 호소 문제를 정하는 과정에 갈등이 있었습니다. 주 호소 문제에서 성경 이야기 선정으로 넘어가기까지 4회기가 소요되어서 상담자로서 긴장이 되었지만 성령님의 도우심을 기대하며 기다려보는 것은 나에게는 매우 귀중한 경험이 되었습니다. 그러나 인력 탐구 단계부터 성령님의 임재하심을 강하게 느끼기 시작하면서 조금씩 염려가 사라지기 시작했습니다. 그 시간에 성령님은 내담자에게 놀라운 깨달음과 지혜를 주셨습니다. 나는 그때 참을 수 없는 눈물이 흘렀습니다. 이 눈물은 내담자를 향한 연민이나 공감의 눈물이 아니라 성령 하나님에 대한 감사와 감격의 눈물이었습니다.

이제까지의 어떤 상담보다도 놀라운 경험을 한 상담이었습니다.

찾아보기